《东方杂志》
作者群
社会主义观念
研究

岳远尊 著

知识产权出版社
全国百佳图书出版单位
—北京—

图书在版编目（CIP）数据

《东方杂志》作者群社会主义观念研究/岳远尊著 .—北京：知识产权出版社，2019.12
ISBN 978-7-5130-6651-8

Ⅰ.①东… Ⅱ.①岳… Ⅲ.①期刊—研究—中国—民国②社会主义—政治思想史—研究—中国—民国 Ⅳ.① G239.296 ② D092.6

中国版本图书馆 CIP 数据核字 (2019) 第 275735 号

| 责任编辑：王颖超 | 责任校对：王 岩 |
| 封面设计：博华创意 | 责任印制：刘译文 |

《东方杂志》作者群社会主义观念研究
岳远尊　著

出版发行：知识产权出版社有限责任公司	网　　址：http://www.ipph.cn
社　　址：北京市海淀区气象路50号院	邮　　编：100081
责编电话：010-82000860 转 8655	责编邮箱：wangyingchao@cnipr.com
发行电话：010-82000860 转 8101/8102	发行传真：010-82000893/82005070/82000270
印　　刷：三河市国英印务有限公司	经　　销：各大网上书店、新华书店及相关专业书店
开　　本：880mm×1230mm　1/32	印　　张：8.875
版　　次：2019 年 12 月第 1 版	印　　次：2019 年 12 月第 1 次印刷
字　　数：140 千字	定　　价：49.00 元
ISBN 978-7-5130-6651-8	

出版权专有　侵权必究
如有印装质量问题，本社负责调换。

目 录

绪 论 …………………………………… 001
一、选题缘起及其意义 …………………………… 001
二、研究综述 …………………………………… 009
三、研究方法 …………………………………… 031
四、研究框架 …………………………………… 037
五、创新之处 …………………………………… 039

第一章 《东方杂志》作者群与社会主义观念谱系 … 041

第一节 《东方杂志》的办刊宗旨与办刊方针 ……… 043
一、《东方杂志》的办刊宗旨 …………… 043
二、《东方杂志》的办刊方针 …………… 046

第二节 《东方杂志》关注社会主义的代表性作者和文章 …………… 049
一、《东方杂志》关注社会主义的代表性作者 ……… 049
二、《东方杂志》关注社会主义的代表性文章 ……… 066

第二章 《东方杂志》作者群对社会主义学说的认知 …………… 079

第一节 对"马克思派"社会主义的认知 ………… 083
一、唯物史观是马克思学说的"指南针" ……… 088
二、剩余价值学说是社会主义的"大宗" ……… 096

第二节 对"非马克思派"社会主义的认知 ……… 098
一、国家社会主义 …………… 100
二、无政府社会主义 …………… 105
三、法学的社会主义 …………… 108
四、社会学的社会主义 …………… 117

第三章 《东方杂志》作者群对社会主义运动的情感 ……… 125

第一节 对俄国十月革命的情感 ……… 126
一、对俄国十月革命的关注与评价 ……… 126
二、对俄共领导的共产国际的关注与评价 ……… 139

第二节 对世界劳工运动的情感 ……… 143
一、对劳工阶级前途命运的关注 ……… 143
二、对国际劳工组织的关注 ……… 152

第四章 《东方杂志》作者群对社会主义制度的态度 ……… 159

第一节 对社会主义制度的态度 ……… 161
一、社会主义"生长于资本主义的胎里" ……… 161
二、社会主义在与资本主义的"相反而相成"中发展 ……… 170

第二节 对苏联社会主义制度的态度 ……… 175
一、对苏维埃政权建设的肯定与批评 ……… 176
二、对苏联经济建设成就的仰慕与反思 ……… 184
三、对苏联人民生活的理解与同情 ……… 189

第五章 《东方杂志》作者群对社会主义的价值取向 ⋯⋯ 197

第一节 平等观念 ⋯⋯ 198
一、经济平等观念 ⋯⋯ 199
二、政治平等观念 ⋯⋯ 208
三、世界平等观念——以第二次世界大战为例 ⋯⋯ 215

第二节 民主观念 ⋯⋯ 227
一、经济民主观念 ⋯⋯ 229
二、政治民主观念 ⋯⋯ 237

结 语 ⋯⋯ 249
一、重视媒体在马克思主义传播中的重要地位 ⋯⋯ 250
二、重视知识分子在马克思主义传播和创新中的重要作用 ⋯⋯ 252

参考文献 ⋯⋯ 257

后 记 ⋯⋯ 273

绪　论

一、选题缘起及其意义

观念是指人们对外部事物的一种认识和态度。辩证唯物主义认为，物质决定意识，意识、观念或者精神是物质的产物，是对客观世界的反映。同时，意识、观念或者精神对物质又具有能动的反作用。观念根源于社会，也在一定程度上改造社会。正如英国学者霍布豪斯所说："巨大的变革不是由观念单独引起的，但是没有观念就不会发生

变革。"❶

社会主义观念最早于16世纪初期产生于欧洲，是社会大众为摆脱现实苦难而选择的一种情感表达方式。社会主义观念，尤其是马克思主义的科学社会主义观念一经产生，即在欧洲大陆引起巨大的震撼，马克思、恩格斯在《共产党宣言》开篇这样描述说：

> 一个幽灵，共产主义的幽灵，在欧洲徘徊。旧欧洲的一切势力，教皇和沙皇、梅特涅和基佐、法国的激进党人和德国的警察，都为驱除这个幽灵而结成了神圣同盟。❷

近代以来的中国处于内忧外患、民不聊生的境遇之中，先进的中国人积极向西方寻求救国救民的真理。发端于欧洲的社会主义观念伴随着各种纷繁复杂的社会观念传入中国，并在与中西、古今各种观念的碰撞、交流之中，展示

---

❶ [英]里奥纳德·特里劳尼·霍布豪斯：《自由主义》，朱曾汶译，北京：商务印书馆1996年版，第24页。

❷ 马克思、恩格斯：《马克思恩格斯选集》第1卷，北京：人民出版社1972年版，第250页。

了旺盛的生命力和感召力。"马克思主义自传入中国起到现在,伴随着近百年历史变迁和社会思想文化变革的风雨历程,日益显示出其对于优良制度建构与民众健康的精神生活境界的提升所具有的科学性指导和引领意义。"❶在中国社会的发展进程中,一代一代中国人对待社会主义所具有的不同认识、情感、态度和价值诉求,在很大程度上影响着政治发展和政治变革的走向。同时,中国社会发展的曲折历程也制约着人们对待社会主义的政治观念。

政治文化理论为我们分析近代中国人对待社会主义的不同认识、情感、态度和价值诉求提供了一个很好的分析视角。20世纪80年代以来,中国学者的政治文化研究逐步展开,并在政治文化研究的内容及方法方面形成了三派观点。(1)从广义文化的角度看政治文化,认为具有政治性或政治特点的文化,就是政治文化。(2)严格界守当代美国政治学理论上的政治文化界定,认为政治文化研究的是当下的人的行为,揭示的是人的心理取向。只能进行当代政治行为的研究,研究方法只能是调查统计等技术手

---

❶ 袁祖社:《"观念史"逻辑的合理介入与马克思主义研究新领域的有效拓展》,《中国社会科学报》2010年7月1日第A11版。

段，因而不能用于研究传统社会。（3）认为作为一种方法论，政治文化完全可以借鉴过来，用于分析和阐释中国传统社会的政治现象和文化现象。❶ 所谓政治文化，是指运用政治文化理论来研究政治现象。具体来说，政治文化研究方法的分析功能表现为：政治文化方法注意到了政治活动中政治心理因素对于政治行为的影响，使研究更具丰富性。以政治文化方法研究不同个体的政治心理及其发展变化，可以为分析政治行为的多样图景提供新的解说思路。❷ 正如学者葛荃所说："作为方法论的政治文化，其理论关照将涉及政治价值、意识、观念、情感、认知、信仰、心态等诸多层面。运用这样的方法论来分析中国的文化与政治现象，就会形成新的视角，并且能为提出理论假说和选择论据提供令人耳目一新的参照系。现代政治学的技术手段或许并不适用于对历史文献的甄别淘选；但是作为方法论的政治文化却完全适用于中国传统政治文化的研究，而

---

❶ 葛荃：《中国政治文化教程》，北京：高等教育出版社2006年版，第322页。

❷ 学界对政治文化内涵的理解存在分歧，但已有了大致认同，即认为政治文化属于政治的主观维度。参见马庆钰：《告别西西弗斯——中国政治文化的分析与展望》，北京：中国社会科学出版社2002年版，第18-19页。

绪 论

且势必会开辟出一个颇具创意的学术天地。"❶ 本书把政治文化作为方法论运用于研究近代中国知识分子的社会主义观念之中，分析他们逐步认识和传播社会主义的心路历程。

观念如果能够产生实际的效果，不仅需要创造者的明确表达和阐释者的详尽解读，而且还需要传播手段的改进。19世纪末20世纪初，随着科学技术水平的逐步提升，出现了一种文化和科技相结合的新型的文化观念形式——媒体文化。"形形色色的媒介——电台、电影、电视和包括像杂志、报纸和连环漫画册在内的印刷品——要么以视觉为主或以听觉为主，要么两者兼用，同时对方方面面的情绪、情感和观念等产生影响。"❷ 在近代中国，为了挽救多灾多难的中华民族，具有强烈社会责任感的中国知识分子通过多种形式的媒介传播西方的新知识，发表自己的见解，积极寻求救国救民的真理。

---

❶ 葛荃：《中国政治文化教程》，北京：高等教育出版社2006年版，第17页。

❷ ［美］道格拉斯·凯尔纳：《媒体文化：介于现代与后现代之间的文化研究、认同性与政治》，丁宁译，北京：商务印书馆2004年版，第10页。

其中，近代中国知识分子参政议政的重要媒介就有各种形式的报纸、杂志。报纸、杂志不仅是知识分子安身立命的生存领域，也是他们传播知识、宣扬爱国救国主张的重要载体。❶

在近代中国的报纸、杂志中，《东方杂志》❷刊登了大量关于社会主义的文章，是研究近代中国社会主义的重要文本。因为：（1）《东方杂志》（*The Eastern Miscellany*）为近代中国办刊时间最长的综合性、学术性杂志，被称为

---

❶ 关于研究以报刊为发言空间的知识分子社会主义思想及其追求的重要性，郑大华认为："五四后，中国的社会主义可以分为两条思想谱系，一条是中国共产党人以及在中国共产党领导下的左翼知识分子的社会主义思想及其实践，另一条则是以报刊编辑、大学教授为中坚的中国知识界的社会主义思想及其追求。如果我们研究中国近代尤其是五四以后的社会主义，只讲中国共产党人以及在中国共产党领导下的左翼知识分子的社会主义思想及其实践，而不讲以报刊编辑、大学教授为中坚的中国知识界的社会主义思想及其追求，这是不完整的，它不仅无法描绘出社会主义在中国传播和发展的全貌，同时也很难说明社会主义为什么能够战胜资本主义而成为近代中国的历史选择。"参见郑大华：《中国近代社会主义研究的几个问题》，《教学与研究》2010年第10期。

❷ 1897年2月，夏瑞芳、鲍贤恩、鲍贤昌等人集资在上海创办一家民营性质的印刷机构，后来逐步发展成为近代中国最大的出版企业——商务印书馆。为加强与社会各界的广泛联系，促进印刷事业的发展，夏瑞芳于1903年12月提议由商务印书馆创办《东亚杂志》。后来才发现与当时德国驻沪领事馆所办的杂志重名，随后又改为《东方杂志》。1910年《外交杂志》（商务印书馆于1902年1月试办）并入《东方杂志》。

"中国近现代史的资料库"。它由商务印书馆❶创刊于1904年3月11日,终刊于1948年12月,见证和记录了民国时期的重大问题,涉及内务、外交、军事、教育、财政、实业、交通、商务、宗教、文学等领域。(2)《东方杂志》作者群始终保持着自己客观的政治立场和文化品格,注重社会主义研究的完整性、系统性和权威性。他们不仅从理论层面上对社会主义学说进行翻译和评介,而且俞颂华、胡愈之等曾经亲赴苏联进行实地考察,发表《莫斯科印象记》等文章,从实践层面观察、思考实行社会主义政策的效果。(3)目前学界对《东方杂志》丰富的思想资源,尤其是关于社会主义观念方面的文本分析还较为薄弱。

所以,从政治文化的视域中研究《东方杂志》作者群关于社会主义的观念,可以较为系统地把握和理解社会主义在中国传播的过程以及近代中国知识分子逐渐传播、接受社会主义的思想轨迹,具有较为重要的理论意义和实践价值。

从理论意义上来说,政治文化概念是当代西方政治科

---

❶ 商务印书馆(The Commercial Press)于1897年2月11日创立于上海,以开启民智、昌明教育、普及知识、传播文化、扶助学术为己任,标志着中国现代出版业的诞生。

学发展的产物，中国的政治文化研究在其传入中国的几十年时间里，不但汲取西方政治文化研究的科学性成分，而且初步形成具有中国特色的政治文化理论体系，政治文化研究在研究对象、方法、范畴、功能、结构等各个方面日益丰满，引发了人们对民主政治的文化思考。政治文化研究的繁荣体现在研究队伍的不断壮大、研究主题的逐渐深入、研究成果的日益丰富以及研究机构的设立等多个方面。同时，也存在着一些研究的薄弱环节，如在传统的研究领域借鉴政治文化的研究方法等。❶本书的研究能够在一定程度上拓宽政治文化的研究视域。

从实践价值上来说，毛泽东曾讲："十月革命一声炮响，给我们送来了马克思主义。"❷马克思主义在近代中国的发展历程中逐步成为主流的政治意识形态。在马克思主义指导下，我国取得了新民主主义革命的伟大胜利；中华人民共和国成立后，尤其是改革开放后又取得了社会主义建设的巨大成就。因此，只有社会主义才能救中国，也

---

❶ 佟德志：《政治文化研究综述》，《中国政治学年鉴（2002）》，北京：中国大百科全书出版社2003年版。

❷ 毛泽东：《论人民民主专政》，北京：人民出版社1975年版，第5页。

只有社会主义才能发展中国,已经成为不争的事实。由此引发我们思考的另一些问题是,在这种宏大的叙事背后,除了近代中国知识分子接受社会主义的客观条件之外,他们接受社会主义的主观因素是什么?最初了解了社会主义的哪些主要观念?认知、接受这些观念的思维方式和价值标准是什么?对这些问题展开较为深入的研究,不仅使我们更为清楚地理解近代中国的知识分子是如何逐步认识、接受社会主义的心路历程,而且能够为当今中国特色社会主义建设提供一些历史借鉴,具有重要的现实价值。

二、研究综述

对前人学术成果的总结是笔者展开研究的起点。本书主要对政治文化和《东方杂志》的研究状况作一简要论述。

(一)政治文化研究综述

20世纪80年代西方政治文化理论传入中国后,国内学术界兴起了研究政治文化的热潮，在政治文化的内涵、结构、功能、特征、类型、中国传统和现当代政治文化、中西政治文化比较等方面进行了探讨，有关政治文化研究综述的代表性文章有：林宝赐的《我国政治文化研究概述》❶，葛荃的《拿来与创新——中国政治文化研究的回顾与前瞻》❷，李月军的《近十年来国内政治文化研究概述》❸，马庆钰的《近50年来政治文化研究的回顾》❹，韩海涛的《国内学者关于政治文化研究的综述》❺。笔者在本书中所关注的是政治文化视域中对有关问题展开的研究，以期在此基础上进一步拓宽政治文化的研究视野。政治文化视域中对其他问题进行研究的成果已经相当丰富，如对中国文学、外交关系、公务员群体等的研究，下面逐一进行

---

❶ 林宝赐：《我国政治文化研究概述》，《理论学习月刊》1989年第5期。

❷ 葛荃：《拿来与创新——中国政治文化研究的回顾与前瞻》，《天津社会科学》1997年第2期。

❸ 李月军：《近十年来国内政治文化研究概述》，《社会科学动态》2000年第12期。

❹ 马庆钰：《近50年来政治文化研究的回顾》，《北京行政学院学报》2002年第6期。

❺ 韩海涛：《国内学者关于政治文化研究的综述》，《山东科技大学学报（社会科学版）》2003年第2期。

简要综述。

1.政治文化视域中的中国文学研究

文学与政治不同的结合方式体现了作家不同的政治理念和创作追求。在政治文化的视域中研究中国文学史，其中有两本代表性的著作。一本是朱晓进、杨洪承等的《非文学的世纪：20世纪中国文学与政治文化关系史论》❶。该著作首先明确界定了政治文化的内涵和外延。政治文化的研究思路是从人的心理层面来分析和阐释政治现象。作者认为政治文化是连接20世纪中国文学与政治关系式的中介，而且20世纪各阶段的文学在与政治文化的密切联系方面，有着鲜明而独立的特征。为此，作者在阐述时按不同时期分为五四文学与政治文化、30年代文学与政治文化之关系、40年代文学与政治文化之关系、建国后17年文学与政治文化之关系、新时期文学与政治文化之关系等五章，以凸显政治文化对文学史各个进程的特定影响。学者张直心对此书进行了评价，认为在近年出版的诸多中国现当代文学研究著作中，朱、杨一书"之所以令人耳目一

---

❶ 朱晓进、杨洪承等：《非文学的世纪：20世纪中国文学与政治文化关系史论》，南京：南京师范大学出版社2004年版。

新，是缘于它悉心引入了独特的'政治文化'视角，以此为切入点，直逼百年中国文学原貌与本质，廓清了'非文学的世纪'文学与政治文化的特殊逻辑构成"。❶

另一本是朱晓进的《政治文化与中国二十世纪三十年代文学》❷。该著作对政治文化与中国 20 世纪 30 年代文学的关系阐述得更加详尽。国民党政权的政治制度和文化政策直接营造了 30 年代特有的政治文化环境，直接塑造了各个文学派别特有的政治认识观念、政治心理观念、政治意识观念和政治价值观念。这些观念从各派文学家的日常行为、作品的表现形式、文学观点的争论、不同的文本形式和各个文学派别的形成过程中体现出来。主要内容包括：分析 30 年代的政治文化语境与文学氛围；分析 30 年代不同派别作家的创作策略和创作思路；分析 30 年代重要文学观点的争论及其所表现出来的政治文化色彩；分析 30 年代文学创作的整体趋向；分析 30 年代各派作家观察社会问题的角度、处理创作素材的方式等和社会政

---

❶ 张直心：《政治文化语境中重新言说——〈非文学的世纪：20 世纪中国文学与政治文化关系史论〉》，《鲁迅研究月刊》2005 年第 3 期。

❷ 朱晓进：《政治文化与中国二十世纪三十年代文学》，北京：人民出版社 2006 年版。

治氛围之间的相互关系；分析30年代文学风格、文学风尚和政治风气、审美倾向之间的相互关系。作者由此得出的结论是：20世纪30年代的政治氛围和文学创作之间有着极其复杂的相互关系，特有的政治氛围影响着文学创作的基本趋向、作家的创作风格和作家的日常行为等；作家的文学创作行为也在一定程度上影响政府文化政策的制定。

2.政治文化视域中的外交关系研究

近年来，从政治文化与外交关系的角度研究一国的外交政策是一个新的努力方向。有关这方面综合性的代表性著作及文章有：王缉思的《文明与国际政治——中国学者评亨廷顿的文明冲突论》❶，赵海月的《中国政治分析：视界与纬度》❷，李兴的《论国际政治中的政治文化因素》❸和《关于政治文化与国际政治关系的再思考》❹，汪波

---

❶ 王缉思：《文明与国际政治——中国学者评亨廷顿的文明冲突论》，上海：上海人民出版社1995年版。

❷ 赵海月：《中国政治分析：视界与纬度》，长春：吉林人民出版社2001年版。

❸ 李兴：《论国际政治中的政治文化因素》，《欧洲》1998年第1期。

❹ 李兴：《关于政治文化与国际政治关系的再思考》，《武汉大学学报（哲学社会科学版）》2004年第1期。

的《外交政策研究的学科跨越——从政治文化研究外交政策的理论价值与现实意义》❶，徐文泉的《政治文化与国际关系》❷，高飞的《浅析当代国际关系研究的政治文化视角》❸，亢升的《政治文化与外交之相关性探析》❹和《国际关系政治文化解读的背景与意蕴简析》❺，舒绍福的《外交政策中的政治文化因素》❻。他们认为，政治文化非常深刻地影响着一个国家对外政策的制定。

有部分学者从政治文化视角分析美国、俄罗斯、日本、法国、中国等国家的外交政策。这方面的代表性文章

---

❶ 汪波：《外交政策研究的学科跨越——从政治文化研究外交政策的理论价值与现实意义》，《武汉大学学报（人文社会科学版）》2000年第1期。

❷ 徐文泉：《政治文化与国际关系》，《国际关系学院学报》2001年第2期。

❸ 高飞：《浅析当代国际关系研究的政治文化视角》，《国际论坛》2003年第4期。

❹ 亢升：《政治文化与外交之相关性探析》，《理论导刊》2005年第1期。

❺ 亢升：《国际关系政治文化解读的背景与意蕴简析》，《兰州学刊》2007年第2期。

❻ 舒绍福：《外交政策中的政治文化因素》，《学习时报》2012年8月27日第002版。

有：田作高的《美国政治文化及其对外交政策的影响》❶，潘志兴、王恩铭的《政治文化、社会精英与美国外交政策》❷，宋小霞的《日本外交政策：政治文化解读》❸和赵海月的《美国对外行为的政治文化考辨》❹等。例如，赵海月在《美国对外行为的政治文化考辨》中认为，美国的政治文化是美国人的民族观念、民族精神、政治，心理、宗教理想、政治学说、政治传统与政治价值等因素的综合反映，它对美国对外行为具有广泛而深刻的影响。

3. 政治文化视域中的公务员群体研究

在政治文化视域中研究公务员群体的代表性成果为数众多。蒋英州认为，在现实政治生活中，中国传统政治文化对当代中国公务员群体有根深蒂固的影响。同时，在社会主义政治文化的主导下，公务员群体又必须受到现代

---

❶ 田作高：《美国政治文化及其对外交政策的影响》，《世界经济与政治》1994年第6期。
❷ 潘志兴、王恩铭：《政治文化、社会精英与美国外交政策》，《国际观察》1999年第4期。
❸ 宋小霞：《日本外交政策：政治文化解读》，济南：山东大学2005年硕士学位论文。
❹ 赵海月：《美国对外行为的政治文化考辨》，《吉林大学社会科学学报》2002年第4期。

的社会主义法制的规范。当代中国公务员群体的政治文化状况处在传统与现代之间，在抗拒传统政治文化深厚影响的同时又在努力向现代性的民主法治的社会主义政治文化变迁。❶周海生认为，以国家公务员招录制度为例可以看出，与渐进经济体制改革及由其决定的政治体制改革相伴随，中国政治文化演进的逻辑进程是渐进的，并且公务员招录制度的规范化推行以及新公务员群体的成长优化了原先的政治文化。❷有学者从政治文化视角分析公务员腐败的原因及治理的路径，认为由于政治文化巨大的历史惯性尚未丧失其对人们行为的规范功能，同时社会转型、新旧政治文化交替冲突，造成核心价值真空和传统信仰符号缺失，为公务员腐败的动机和机会生成提供诱导；治理公务员腐败的路径是扬弃传统政治文化，推动人民话语权和行动权的回归，重铸核心价值体系，推动新型政治文化体系重建。❸

---

❶ 蒋英州：《传统抑或现代：当代公务员群体的政治文化实证分析》，《湖北社会科学》2010年第9期。

❷ 周海生：《当前中国政治文化的演进逻辑——以国家公务员招录制度为分析对象》，《山西青年管理干部学院学报》2007年第3期。

❸ 张光辉、胡凤飞：《公务员腐败的政治文化诱因分析及其治理路径》，《信阳师范学院学报（哲学社会科学版）》2005年第4期。

（二）《东方杂志》研究综述

近几年，学者们对《东方杂志》研究的兴趣逐渐升温，以下笔者对其研究状况作一简要概述。

1. 关于《东方杂志》的资料整理工作

《东方杂志》的文献价值从20世纪60年代就得到学术界的重视，资料整理工作也逐步展开。台湾地区方面，1967年7月，《东方杂志》在台湾复刊，1990年又停刊。从1971年起，台湾商务印书馆重印了旧版的《东方杂志》，并增编了总目以及索引三册，总共为精装本175册，只不过复印的旧刊存在一些问题，如"删改若干重要文章""篡改文章标题""擅变作者姓名"等。[1]1978年，台湾大东图书公司依据《东方杂志》中的历年"中国大事记"和"时事日志"汇集编成了《中华民国史事日志》（1912—1941）。[2]

大陆方面，1999年9月，《东方杂志》在北京复刊，

---

[1] 吴斯清：《〈东方杂志〉及其台湾版》，《贵州社会科学》1986年第6期。

[2] 《中华民国史事日志》（1912—1941），台北：台湾大东图书公司1978年版。

改名为《今日东方》。三联书店在1957年编成了《"东方杂志"总目》,❶上海书店在20世纪80年代后陆续影印了前32卷。此外,研究者也整理出版了一些相关重要人物的文集和某一专题方面的资料,如《张元济年谱》❷《张元济日记》❸《张元济全集》❹《岫庐八十自选》❺《杜亚泉文选》❻《杜亚泉文存》❼《胡愈之文集》❽《俞颂华文集》❾,辛冰的《〈东方杂志〉有关印度支那问题篇目辑录》❿,广西社会科学院情报资料室编的《学术研究动态资料专辑(一)〈东

---

❶ 三联书店编辑部:《"东方杂志"总目》,北京:生活·读书·新知三联书店1957年版。
❷ 《张元济年谱》,北京:商务印书馆1991年版。
❸ 《张元济日记》,石家庄:河北教育出版社2001年版。
❹ 《张元济全集》(第1~3卷),北京:商务印书馆2007年版;《张元济全集》(第4~7卷),北京:商务印书馆2008年版;《张元济全集》(第8卷),北京:商务印书馆2009年版;《张元济全集》(第9、第10卷),北京:商务印书馆2010年版。
❺ 《岫庐八十自选》,上海:上海人民出版社2007年版。
❻ 《杜亚泉文选》,上海:华东师范大学出版社1992年版。
❼ 《杜亚泉文存》,上海:上海教育出版社2003年版。
❽ 《胡愈之文集》,上海:生活·读书·新知三联书店1996年版。
❾ 《俞颂华文集》,北京:商务印书馆1991年版。
❿ 辛冰:《〈东方杂志〉有关印度支那问题篇目辑录》,《东南亚纵横》1983年第4期。

绪 论

方杂志〉中广西史料摘编》❶,周保明、吴平选编的《东方杂志·学术编》❷等。为了挖掘《东方杂志》的学术价值和历史价值,商务印书馆突破传统纸质图书的限制,探索历史资源的数字化体系,建设了《东方杂志》全文检索数据库。❸该库将44卷819期/号全部数字化,形成文章库、图片库、广告库等,用户可对约3万篇文章、1.2万多幅图画、1.4万多则广告,按照标题、作者、关键词、摘要等进行检索。2010年以来,商务印书馆逐步展开《东方杂志》全文检索数据库的研发工作,这项成果的问世必将成为研究者一项不可多得的重要学术资源。

2. 关于《东方杂志》的研究内容

近年来,以《东方杂志》为主题的著作主要有:洪九来的《宽容与理性:〈东方杂志〉的公共舆论研究(1904—1932)》❹,丁文的《"选报"时期〈东方杂志〉研

---

❶ 广西社会科学院情报资料室:《学术研究动态资料专辑(一)〈东方杂志〉中广西史料摘编》,南宁:广西社会科学院情报资料室1984年版。

❷ 周保明、吴平:《东方杂志·学术编》,北京:国家图书馆出版社2010年版。

❸ 《东方杂志》全文检索数据库(http://cpem.cp.com.cn)。

❹ 洪九来:《宽容与理性:〈东方杂志〉的公共舆论研究(1904—1932)》,上海:上海人民出版社2006年版。

019

究》❶，鲁法芹的《〈东方杂志〉与社会主义思潮在中国的传播》❷，陶海洋的《〈东方杂志〉研究（1904—1948）》❸，王勇的《〈东方杂志〉与现代中国文学》❹，阚和庆的《八十年前的中国梦——一九三三年〈东方杂志〉中国梦主题征文选》❺。这从一个侧面也说明，在"民国史"研究成为热点的学术背景下，以《东方杂志》为主题的研究在学术界也逐渐成为一个热点。本书主要介绍两部代表性著作：一是黄良吉著的《〈东方杂志〉之刊行及其影响之研究》。❻ 该书"着重于《东方杂志》历来言论表现，以及外交、学术上的报道，并略穿插杂志简史梗概，较为翔实生动"。主要从诞生、历任主编、停刊与复刊的原因及经

---

❶ 丁文：《"选报"时期〈东方杂志〉研究》，北京：商务印书馆2010年版。
❷ 鲁法芹：《〈东方杂志〉与社会主义思潮在中国的传播》，济南：山东人民出版社2014年版。
❸ 陶海洋：《〈东方杂志〉研究（1904—1948）》，合肥：合肥工业大学出版社2014年版。
❹ 王勇：《〈东方杂志〉与现代中国文学》，北京：中国社会科学出版社2014年版。
❺ 阚和庆：《八十年前的中国梦——一九三三年〈东方杂志〉中国梦主题征文选》，北京：人民出版社2014年版。
❻ 黄良吉：《〈东方杂志〉之刊行及其影响之研究》，台北：台湾商务印书馆1969年版。

绪 论

过、刊期的回顾与探讨、清末"东方"对于外交及立宪的主张、民初《东方杂志》的贡献、"五卅"事件临时增刊、从"五卅"到"九一八"、从"一·二八"到抗战胜利、结论——《东方杂志》对国家民族的贡献，这十个部分进行梳理和探讨。二是洪九来著的《宽容与理性：〈东方杂志〉的公共舆论研究（1904—1932）》。❶2006年作者在其博士学位论文❷基础上出版了该书。该书以都市空间和知识群体为视角，对1904—1932年这一阶段的《东方杂志》进行考察，涉及办刊人员及办刊理念流变、刊物作者群体的构成和基本倾向，从政治秩序转换中的理性主义、社会变革进程中的渐进主义、纳入世界格局中的民族主义、中西文化冲突中的调和主义、新旧文学嬗递中的现实主义、古今学术流变中的进步主义等不同角度，展示了《东方杂志》如何依靠一批固守着理性、宽容、多元、渐进、调和等基本价值观念的知识分子，构造了一个温和的自由主义公共空间。该书研究时间上从1904年创刊至

---

❶ 洪九来：《宽容与理性：〈东方杂志〉的公共舆论研究（1904—1932）》，上海：上海人民出版社2006年版。
❷ 洪九来：《宽容与理性：〈东方杂志〉的公共舆论研究（1904—1932）》，上海：复旦大学1999年博士学位论文。

1932年，学理性较强，但对1932年至1948年终刊这段时间没有论述。

此外，学者周为筠的《杂志民国：刊物里的时代风云》❶以随笔手法对《东方杂志》从不即不离的把关人、杂志长寿基因的由来、转型期的公共空间、老杂志新作为、被遗忘的另一种启蒙、老树开出新花来、一个实习生的成才之路、新东方浴火重生、新年的梦想等角度展开描述。与《东方杂志》相关的硕士学位论文20余篇，期刊论文100余篇，且大部分成果的发表时间集中在21世纪初的这几年。现把研究成果的主要内容概括如下。

（1）报刊史角度。近年来，学界从《东方杂志》的性质、办刊宗旨、办刊方针和基本内容等方面进行探讨。例如，丁文通过对《东方杂志》"选论"的原刊文本与转载文本的对读，考察其对"选报"文本所做的大量文章经营意义上的修改，包括统一文章的风格、节制原文中过分外溢的语句与情感、统一语体、规范译法，等等。由此，来自众报的论说在《东方杂志》看似无痕实则强大的主体

---

❶ 周为筠：《杂志民国：刊物里的时代风云》，北京：金城出版社2009年版。

绪 论

意识下被整合进了这份"选报"的内在追求之中。❶

刘兰指出,《东方杂志》培养了一批优秀的编辑和作者。在这片沃土上,先后有徐珂、孟森、杜亚泉、钱智修、胡愈之、李圣五、郑允恭等任主编,章锡琛、俞颂华、张明养、张梓生、吴景崧、冯宾符等也在此担任过一般编辑。如此庞大的有丰富经验且学识渊博的编辑群体,为新中国文化的发展奠定了坚实的基础。❷

(2)思想史角度。一是关于对清末立宪运动的宣传。清末立宪运动是 20 世纪初国内发生的一次重大政治改革运动,其兴起与发展与立宪派及其立宪报刊的宣传密不可分。唐富满认为,《东方杂志》从创刊起就致力于立宪宣传,详细地记录了立宪运动的具体经过,涉及立宪救国、地方自治、宪法、国会、责任内阁等,留下了大量有关立

---

❶ 参见丁文:《"搜罗宏富"背后的"选择精审"——1904—1908 年〈东方杂志〉"选报"体例初探》,《首都师范大学学报(社会科学版)》2007 年第 2 期;丁文:《传世意图下的文章经营——〈东方杂志〉"选报"文本的删改研究》,《中国现代文学研究丛刊》2008 年第 1 期。

❷ 刘兰:《〈东方杂志〉——培养编辑的沃土》,《出版广角》2002 年第 6 期。

宪运动的第一手资料。❶张季指出,《东方杂志》知识分子群体与《民立报》所代表的革命派知识分子、《庸言》所代表的原立宪派知识分子在制宪原则和精神、政体问题的选择、地方制度等三个方面有不同态度和主张。❷关于清末民初的联邦制、集权与分权的问题,洪九来、张季认为,该刊一群文化保守主义者既不同于极端的集权派,也不同于极端的分权派的相对独特的调和思想与折中主张。❸钟显添、林植认为,《东方杂志》大力宣扬民气以伸民权;呼吁民权应纳于民法之中;言论民权的具体实现途径等。❹史春风指出,能反映《东方杂志》立宪思想倾向的是:对清政府"立宪"的态度;对国会请愿运动的态度;对于咨

---

❶ 唐富满:《〈东方杂志〉与清末立宪宣传》,长沙:湖南师范大学2003年硕士学位论文。
❷ 张季:《民初"二次革命"前知识分子群体宪政思想研究——以〈民立报〉〈庸言〉〈东方杂志〉为中心》,开封:河南大学2005年硕士学位论文。
❸ 参见洪九来:《集权与分权——略论〈东方杂志〉在清末民初政争中的折衷观点》,《山西师大学报(社会科学版)》2000年第2期;张季:《民初"二次革命"前知识分子群体关于联邦制的论争——以〈民立报〉〈庸言〉〈东方杂志〉为中心》,《安徽史学》2005年第5期。
❹ 钟显添、林植:《试论清末〈东方杂志〉中的民权思想》,《大庆师范学院学报》2007年第3期。

绪 论

议局的支持。❶

二是关于民族主义思想的研究。蒋红艳指出,第一次世界大战使中国人盲目崇拜西方文化的心理日渐消解,一部分知识分子另辟蹊径开始为中国寻找新的救国之路,从而使中国思想界出现了反传统主义的西化思潮、马克思主义的俄化思潮、文化保守主义思潮三大思潮鼎足而立的局面。❷李斯颐分析了抗战时期《东方杂志》怀着强烈的使命感和责任感服务于救亡图存、复兴民族的主题,但对国共两党的矛盾持回避态度,表现出爱国与保守的特点。❸徐有威指出,《东方杂志》以资产阶级民主政治为利器,敏锐深刻地解剖了法西斯主义这一时代怪物,对其反动本质进行了不遗余力的揭露和批判,认为它从根本上讲只不过是得逞一时的暂时现象。❹

---

❶ 史春风:《商务印书馆与中国近代文化》,北京:北京大学出版社2006年版,第47—52页。
❷ 蒋红艳:《〈东方杂志〉与第一次世界大战》,长沙:湖南师范大学2007年硕士学位论文。
❸ 李斯颐:《抗战时期的〈东方杂志〉》,《新闻与传播研究》1989年第1期;李斯颐:《30年代〈东方杂志〉政治倾向的成因》,《新闻与传播研究》1990年第3期。
❹ 徐有威:《从20年代〈东方杂志〉和〈国闻周报〉看中国知识界对法西斯主义的评析》,《党史研究与教学》1997年第4期。

三是关于马克思主义思想的研究。鲁法芹分析和阐释了马克思主义的若干基本概念,如唯物论、剩余价值理论和无产阶级专政理论等;俄国十月革命胜利后苏联实行的若干基本政策,如战时共产主义政策、新经济政策等。❶吴寿欢认为,《东方杂志》基本的立场是反对阶级斗争,反对暴力革命,倾向于通过改良的办法促进社会的发展,但在马克思主义传播史上占有重要的地位。❷岳远尊认为,《东方杂志》注重对马克思主义知识的介绍和阐释,提高了人们对马克思主义的认识水平,比较客观地反映了马克思主义在中国传播的历史进程。❸

(3)文化史角度。李承亮指出,关于东西文化论争主要是在《东方杂志》与《新青年》之间展开的,表现出知识分子在对东西文化认识上面临着严重的危机。❹陆小

---

❶ 鲁法芹:《〈东方杂志〉与社会主义思潮在中国的传播》,济南:山东大学 2011 年博士学位论文。

❷ 吴寿欢:《〈东方杂志〉(1918—1926)与马克思主义的传播》,哈尔滨:哈尔滨工业大学 2011 年硕士学位论文。

❸ 岳远尊:《〈东方杂志〉传播马克思主义的特点及影响》,《党的文献》2011 年第 3 期。

❹ 李承亮:《浅析五四前期东西文化的论战——〈东方杂志〉为中心考察》,《天府新论》2007 年 S1 期。

绪 论

宁、刘润忠指出,《东方杂志》与《新青年》的论战是追寻现代化发展的两种不同价值取径。《新青年》适应了社会历史发展的潮流,因而产生更为深远的影响;《东方杂志》主张平和的学术观点,反而显得有些保守。但《东方杂志》作出有益的学理性勘探,对中国文化的民族性、连续性的认识是合理的。❶

另外,杨萌芽还从文学史角度研究。《东方杂志》在1915—1920年发表了大量旧体诗作,其中大部分为清末民初宋诗派文人群体的作品,分析宋诗派这一古典文学群体对现代传播空间的占据,展现出中国文学古今演变中旧派文学生存状态的复杂性。❷ 孙振认为,《东方杂志》翔实的美学资料,在一定程度上描画了西方美学进入中国的轨迹和与中国美学相融合的早期风貌,有助于我们更清楚地了解晚清开放形式下的历史语境,以及西方美学进入中国

---

❶ 参见陆小宁:《迷途中的文化探索——论〈新青年〉与〈东方杂志〉的东西文化论争》,《中州学刊》2000年第3期;刘润忠:《〈东方杂志〉与"五·四"前后东西文化论争》,《社会科学战线》1994年第3期。

❷ 杨萌芽:《〈东方杂志〉与清末民初宋诗派文人群体》,《复旦学报(社会科学版)》2007年第5期。

本土生根、开花并结出果实的状况。❶

（4）社会史角度。王先明通过研究《东方杂志》有关近代乡村问题主题的记录，从一个侧面折射出近代乡村历史变迁的时代特征。指出近代中国乡村社会变迁的凸现可以说是伴随着工业化、城市化乃至现代化的历史进程而出现的历史主题。由于近代中国社会变迁既承负着现代化进程，也承负着半殖民地化进程的双重困厄，因而乡村社会变迁更多地表现为危机的加剧、交错和寻求解脱危机的基本走向。❷ 付托飞、刘智峰认为，《东方杂志》以其独有的视角来剖析20世纪30年代中国农村的经济，分析其破产的原因及其救济农村的对策。❸ 唐艳香认为，《东方杂志》对妇女问题特别关注，涉及女子教育、妇女参政、婚姻自由等问题，并在这些问题上表现了媒体的敏感和社会

---

❶ 孙振：《对〈东方杂志〉中的美学文本的整理与研究》，长春：东北师范大学2007年硕士学位论文。

❷ 王先明：《从〈东方杂志〉看近代乡村社会变迁——近代中国乡村史研究的视角及其他》，《史学月刊》2004年第12期。

❸ 付托飞、刘智峰：《从〈东方杂志〉略看二十世纪三十年代的中国农村经济》，《时代经贸（下旬刊）》2007年第5期。

责任感，反映了当时社会对妇女问题的认识程度。❶

（5）人物专题研究的角度。对《东方杂志》相关的人物研究主要集中在张元济、孟森、钱智修、杜亚泉、胡愈之等人上。如谢慧指出，张元济作为"商务的保姆"，是《东方杂志》的灵魂和支柱，在外部决策和内部人事安排、政治和文化思想、提供精神指导和保护作用、组稿等方面都起到了不可忽视的作用。❷

李启彩认为，钱智修的思想是文化上保守态度和政治上自由倾向的统一，保守的态度中也存在对传统文化的创新、对西方文化的借鉴；自由倾向的同时又有对中国国情的看重和对中国传统政治中一些价值理念和政治操守的弘扬，是一种"组合型"思想模式。❸

李静指出，杜亚泉作为成就卓著的一代学者和编辑家，形成了稳健的编辑风格和多元的办刊思路，但因其渐进的启蒙文化主张而遭逢众议，在近现代思想文化史上的

---

❶ 唐艳香：《从女子教育、妇女参政到婚姻自由——1904—1919年间〈东方杂志〉对妇女问题的关注》，《社会科学》2008年第4期。
❷ 谢慧：《张元济与〈东方杂志〉》，中国近现代史史料学学会2004年年会论文。
❸ 李启彩：《保守与自由：钱智修思想述论——以〈东方杂志〉为中心的研究（1911—1924）》，上海：上海大学2007年硕士学位论文。

历史命运令人深思。❶

罗娟研究认为，明清史大师孟森在20世纪初曾热衷于宪政运动。他在主编《东方杂志》期间，大力改良刊物，宣传、参与立宪运动，批评清政府无立宪诚意，抨击疆臣朝臣对立宪敷衍应付，从而对清政府预备立宪实行社会监督。❷

班彦美认为，杜亚泉的"道德本位"思想倾向主要表现在强调道德的普遍性、目的性和本题性三个方面，这种思想倾向虽然有时过分夸大了道德的作用，但他在当时对中国传统文化的肯定精神是难能可贵的，不仅在主张彻底废除中国传统旧道德的五四时期有着纠正时弊的作用，还有利于弘扬中华民族的优秀道德精神，对于我们今天良好道德风尚的形成有着深远影响。❸

张之华指出，胡愈之基于宏观的国际视野，调整和实施了国际新闻的编辑方针和编辑方法，努力开辟国际新闻

---

❶ 李静：《杜亚泉与〈东方杂志〉》，《青海师范大学学报》2007年第4期。

❷ 罗娟：《孟森与〈东方杂志〉》，《聊城师范学院学报（哲学社会科学版）》1999年第1期。

❸ 班彦美：《论五四时期杜亚泉的"道德本位"的思想倾向——以〈东方杂志〉(1911—1920)为中心的研究》，《科教文汇（下旬刊）》2007年第12期。

来源，注意对资料的搜集和鉴别。❶

范岱年认为，胡愈之以文字作为斗争的武器，针砭时政；支持不同学派、不同观点之间的自由讨论；尊重读者等。❷

三、研究方法

（一）观念史研究方法

观念是人们对自然界、人类社会和人自身的一种看法。所谓观念史，是指探讨某种观念的发展历史。任何一种观念都是在特定的历史条件下产生的，并且会随着社会历史条件的变化而变化和发展。同时，观念史还是一种重要的研究方法，是一种方法论。通过对某种观念的历史发展逻辑的观察和思考，可以帮助我们更好地认识人类社会、自然界和人自身发展的一些规律性的现象。

近代以来，西方的社会主义观念逐步传入中国，并且与中国的传统文化、中国的社会现实结合起来。社会主义

---

❶ 张之华：《国际新闻的拓荒者——担任〈东方〉杂志编撰人的胡愈之》，《国际新闻界》1996年第5期。
❷ 范岱年：《胡愈之和〈东方杂志〉》，《出版史料》2007年第1期。

观念在中国传播的过程，既反映了社会主义观念自身的传播规律，也体现出一代一代中国人对待社会主义所具有的不同情感、态度和信念。

（二）政治文化研究方法

文化是人们改造自然、社会和自身活动的成果，体现出人们的认知方式、情感取向、价值标准和理想追求。政治文化是文化的一部分，是政治主体对政治现象的政治认知、政治情感、政治价值、政治理想等因素的综合体现，是政治运作中的主观因素。政治文化理论在柏拉图的《理想国》、密尔的《代议制政府》、卢梭的《社会契约论》、孟德斯鸠的《论法的精神》、托克维尔的《论美国的民主》、马克斯·韦伯的《新教伦理与资本主义精神》、本尼迪克特的《菊花与剑》和莱特的《布尔什维主义研究》等著作中都有丰富的思想资源，这些先哲们都不同程度地强调"观念""精神"等要素对于政治、社会发展的作用。20世纪60年代加布里埃尔·A.阿尔蒙德、西德尼·维巴出版的《公民文化——五国的政治态度和民主》是政治文化研究兴起的标志。

绪 论

阿尔蒙德认为："我们可以把个人对政治对象的态度区分为三个组成部分：认识的、感情的和评价的。"❶ 笔者依据阿尔蒙德对政治文化的认知因素、情感因素、评价因素的框架结构，结合当今中国政治学界的相关看法，把政治文化这一概念细化为四个基本范畴，认为政治文化由政治认知、政治情感、政治态度和政治价值四个层次所构成，四者的逻辑关系由低到高，相互联系、相互影响（见图1）。

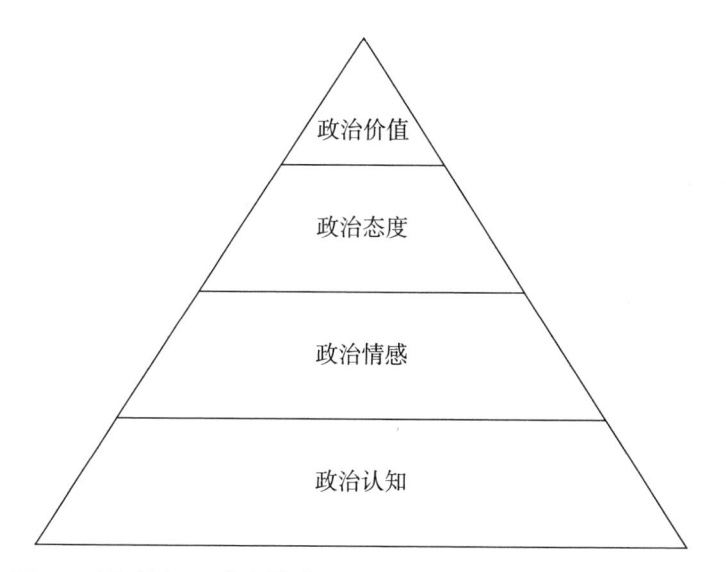

图1 政治认知、政治情感、政治态度和政治价值逻辑关系图

---

❶ ［美］加布里埃尔·A.阿尔蒙德、小G.宾厄姆·鲍威尔：《比较政治学：体系、过程和政策》，上海：上海译文出版社1987年版，第30页。

政治认知是指政治主体通过感觉、知觉、记忆、思维、想象等手段，对政治现象进行认知从而获得政治知识的过程。人的大脑通过接受外界输入的各种信息，经过头脑简单的或者复杂的加工处理，逐步地转换成内在的一种心理活动，进一步对人的行为产生影响。

政治情感是政治主体的一种基本心理要素，是政治主体通过对政治现象较为浅显或者较为复杂的认识而形成的一种内心体验。"政治情感是指人们对于政治人物、政治事件以及政治活动等方面所产生的内心体验，是指人们对于各种政治对象的尊敬或蔑视、爱慕或憎恨、喜好或厌恶的反应。"[1] 政治情感是在政治认知的过程中逐步形成的，同时又对人们的政治态度、政治行为有着重要影响。正如列宁所说："没有'人的感情'，就从来没有也不可能有人对于真理的追求。"[2]

政治态度是政治主体对外界事物的认识所形成的情感取向和行为取向的一种心理表现。政治主体的形式既可以

---

[1] 朱永新、袁振国：《政治心理学》，北京：知识出版社1990年版，第98页。
[2] 列宁：《列宁选集》第25卷，北京：人民出版社1988年版，第117页。

是政治个体，也可以是政治群体，是他们通过对外部世界的认识而形成的一种内在心理的外在表现。孙正甲指出："政治态度是人们对政治生活、政治关系、政治行为客体的较一贯、较为固定化的心理反应倾向。"❶

政治价值是指政治生活中政治客体对政治主体需要的一种意义，或者表现为一种理论意义，或者表现为一种实践价值。同时，政治价值也是一种评价标准，人们据此对所认识到的周围事物作出符合自身价值要求的取舍。人们一旦形成某种价值观，可能对他的行为产生重大的影响。随着政治主体年龄的增长、知识水平的不断提高以及周围环境的变化，他们的政治价值观念或许会发生这样那样的变化。

把政治文化作为一个研究视角来对周围的政治现象进行研究，是近年来逐步兴起的一种新的方法。1956年美国政治学者阿尔蒙德在《政治学杂志》（*Journal of Politics*）上发表的《比较政治体系》（Comparative Political System）一文中最先提出"政治文化"这一概念

---

❶ 孙正甲：《政治文化学》，哈尔滨：黑龙江人民出版社2002年版，第71页。

并对之加以界定。尽管从政治文化这一概念产生以来学界对它的认识形成了多种多样的观点，但基本上认为是指政治主体对于政治系统所持有的政治情感、政治态度、政治价值等方面的主观倾向。一般而言，政治文化研究方法的分析功能表现为：政治文化方法注意到了政治主体在政治活动过程中形成的政治心理对于政治行为的影响。以政治文化方法研究不同政治个体，或者政治群体的政治心理及其发展变化，可以为分析政治主体复杂多变的政治行为提供一种新的解说思路，从而进一步加深对政治主体的认识。

本书借鉴政治文化理论的一些相关概念对《东方杂志》作者群的社会主义观念进行分析论述。

（三）历史文献分析方法

文献分析法主要指搜集、鉴别、整理文献，并通过对文献的研究，形成对事实科学认识的方法。本书联系当时的历史环境，解读《东方杂志》文本，广泛涉猎当时相关的期刊、报纸、日记、书信等资料，力求做到真实、全面地了解《东方杂志》作者群的精神风貌。

四、研究框架

全书分为以下几部分。

绪论部分介绍以政治文化作为方法论来研究《东方杂志》作者群的社会主义观念的缘起及其意义,梳理《东方杂志》的研究现状,说明研究的主要方法是政治文化分析方法和历史文献分析方法。界定了政治文化这一主要概念,主要包括政治认知、政治情感、政治态度、政治价值等基本范畴,进而为以下各章的分析论述作理论铺垫。

第一章介绍《东方杂志》作者群与社会主义观念谱系。一是作者群的办刊宗旨与作者群。二是社会主义观念谱系。通过检索《东方杂志》全文数据库,发现在该刊物上发表文章总数较多的作者也是发表有关"社会主义"的文章较多的作者,这也在一定程度上表明,该刊一直在关注、介绍社会主义学说以及苏联社会主义革命和建设的情况。由此,笔者得出这样一个结论:在近代中国西学东渐的背景之下,社会主义学说已经或隐或现地成为主流政治思潮,对国人产生了重大的影响。通过分析,也为以下各章的叙述奠定了较为扎实的基础。

第二章介绍《东方杂志》作者群对社会主义学说的认知。一是对"马克思派"社会主义学说的认知,如唯物史观、剩余价值学说等。二是对"非马克思派"社会主义学说的认知,如法学的社会主义、社会学的社会主义等。《东方杂志》作者对社会主义的认识既有共同的观点,也有不同的见解。

第三章介绍《东方杂志》作者群对社会主义运动的情感。一是对俄国革命的关注和评价。俄国十月革命是20世纪社会主义运动中最为重大的事件,对周围国家政治的发展以及世界局势都产生重大的影响。二是对各国的劳工运动表现出极大的关注和同情。广大的被压迫民族在俄国十月革命的影响下逐步觉醒,《东方杂志》作者对他们的活动给予及时的报道。

第四章介绍《东方杂志》作者群对社会主义制度的态度。《东方杂志》作者逐步认同走社会主义的道路,一是对西方的资本主义制度的功过进行了深刻的反思,认为社会主义"生长于资本主义的胎里"。二是对资本主义制度与社会主义制度关系的认识,认为社会主义是在与资本主义的"相反而相成"中逐步得到发展的。

第五章介绍《东方杂志》作者群对社会主义的价值取向。主要包括平等观念和民主观念。《东方杂志》作者吴恩裕的民主观念必须制度化的思想,邓初民的中国政治必然归宿到社会主义民主政治的思想,直到今天也具有重要的借鉴价值。

结语部分总结《东方杂志》作者群社会主义观念的现实启示。在近半个世纪的历史进程中,《东方杂志》作者群大量引介社会主义学说,注重社会主义传播的知识性、学术性、系统性,体现了他们深深的爱国主义情怀和强烈的政治责任感,为传播社会主义作出了一定贡献。

五、创新之处

本书的创新之处主要表现在以下几个方面。

(1)研究视角的创新。从政治文化视角看,近代中国知识分子对社会主义的不同政治认识、政治情感、政治态度和政治价值诉求在很大程度上影响着政治变革的走向。反之,中国社会发展的曲折历程也制约着人们的社会主义观念。(2)研究内容的创新。以"中国近现代史的资料库"《东方杂志》及其作者群为个案,考察近代知识分子对社会主义理论的政治认知、对社会主义实践的政治情感、对社会主义制度的政治态度、对社会主义的政治价值取向等。(3)研究方法的创新。结合特定历史语境和文本结构对《东方杂志》全文检索数据库选取的有关社会主义观念的关键词进行分析,勾勒出观念嬗变的轨迹,以便更清楚地了解社会主义在近代中国逐步被认知并最终被接受的思想历程。

当然,本书的研究也有不足之处。《东方杂志》作者群运用不同词汇表达相同或者相似观念,抑或词汇本身变迁的现象经常出现,因此,仅仅依靠数据库选取关键词也会影响对社会主义观念进行概括和分析的准确率。在今后的研究中,需进一步加强对历史语境、文本及相关资料的分析和理解。

第一章 《东方杂志》作者群与社会主义观念谱系

自从鸦片战争以后,古老的中国一步步沦为半殖民地半封建社会。19世纪末20世纪初,腐朽堕落的清王朝行将崩溃。外国列强对中国的侵略日益扩大,民族危机日益加深,国内社会矛盾激化,群众运动不断。为了维护摇摇欲坠的政权,1901年清政府宣布实行"新政"。"新政"的实施客观上为近代中国报刊的发展提供了较为宽松的舆论环境。在20世纪初的10年间,国内各地新创办的报刊如雨后春笋般纷纷涌现。1904年《东方杂志》由商务印书馆在上海创办。《东方杂志》创刊以后，以弘扬学术、振兴民族为己任，在其周围聚集了各个领域的优秀知识分子，形成了一个比较庞大的知识分子群体。

同时，就国际形势而言，19世纪末20世纪初的资本主义国家也逐步由自由资本主义向垄断资本主义过渡，社会贫富两极分化的现象日益加重，劳资冲突问题日益突出，促使欧美各个国家工人运动的开展以及各种社会主义思潮的产生，社会主义思潮伴随着自由主义、女权主义、民族主义等思潮纷纷涌进中国。由于受到社会发展程度的客观制约、文化教育水平的不同以及阶级利益等的局限，各派思想家提出形形色色的改造社会的方案，由此形成丰富多彩的社会主义观念谱系。

面对汹涌而来、令人眼花缭乱的各种社会主义观念，《东方杂志》作者群如何感知、思考、辨别呢？他们的思考在当时的社会条件下产生过哪些影响？如何评价他们传播社会主义的贡献及其局限性？针对这些问题，本章试图从《东方杂志》作者群和社会主义观念谱系之间的关系着手，从宏观上把握《东方杂志》作者群在社会主义观念谱系中的定位，为以后各章的分析奠定基础。

第一节 《东方杂志》的办刊宗旨与办刊方针

一、《东方杂志》的办刊宗旨

《东方杂志》于1904年3月11日由商务印书馆在上海创办，到1948年12月停刊，在45年的发展历程中共出版了44卷819期/号（813册），其中包括21种特辑、专辑，30种纪念号、专号以及3种增刊，是"我国自有杂志以来发行期最长的期刊、杂志中时期最长久而最努力者"。❶ 由于日本发动了大规模的侵华战争，《东方杂志》被迫频繁迁址以保证刊物的发行，曾先后由上海（1904—1937，这一时期出版地较为稳定）迁往长沙（1937—1938）、香港（1938—1943）、重庆（1943—

---

❶ 戈公振：《中国报学史》，上海：上海古籍出版社2003年版，第157页。

1946）等地，一直到1946年1月才得以重返上海（1946—1948）。该刊最初为月刊（1904—1919，第1~16卷），后改为半月刊（1920—1947，第17~42卷），最后又恢复为月刊（1947—1948，第43~44卷）。在该刊先后担任主编的有：蒋维乔、孟森、徐珂、杜亚泉、陶惺存、钱智修、胡愈之、李圣五、郑允恭、苏继庼等。从栏目设置上看，栏目的设置随着社会潮流的变化而进行调整，比较灵活，如先期设有社说、谕旨等15个栏目，后又设置评论、时评、选论、新思想与新文艺、海外通讯、记载、文件、调查、附录等栏目。从总体上说，该刊在创办初期是一种"文摘类"性质的刊物，后来逐步发展成为"时政类"的综合性、学术性刊物。

《东方杂志》作为近代中国存续时间最长的一份综合性、学术性杂志，自创刊之日起，它就始终以启导国民、开启明智为宗旨，以大力传播知识、弘扬文化，积极为多灾多难的中华民族寻找出路为己任。商务印书馆总经理王云五对《东方杂志》的办刊宗旨作了一个言简意赅的总结：

> 本志以阐明学术为主旨，所刊各文，见解力求客观，议论务期平允。注重新知之介绍，然力避武断，期无悖研究之精神，内容则人文自然，中外新旧，兼收并录。❶

学者张欣认为，《东方杂志》上的文章"有比较强的学术气息……所述的问题比较全面、深入、综合"。❷ 作为一种"时政类"的综合性、学术性刊物，《东方杂志》的采稿视野非常开阔，"对于国内外的著作家，我们希望和以前一样地帮助指导我们，和以前一样地常期供给我们一些文稿。现在中国知识和物质同样地感到饥荒，所以我们盼望作家的赐稿，和在沙漠中找寻清泉一样地殷切。尤其希望在国外留学界，常期给我们一些通信"。❸ 注重知识性、学术性，增强可读性、权威性，形成了《东方杂志》办刊的一大特色，也是《东方杂志》的办刊宗旨。

---

❶ 王云五：《复刊词》，《东方杂志》1943 年第 39 卷第 1 号。
❷ 张欣：《〈东方杂志〉史料性和学术性研究》，《河南图书馆学刊》2008 年第 6 期。
❸ 《编者作者与读者》，《东方杂志》1932 年第 29 卷第 4 号。

二、《东方杂志》的办刊方针

"东方杂志社"提出了"本社同人"的期望,这种期望可以看作是一种编辑方针的体现。

> 杂志界之职务,自以言论为最重大。顾欲言论之不虚发,则第一必当择言论所针对之方向。第二必当使言论有可以实行之凭藉。本志以为吾国一线之希望,惟在于社会自觉,而于操枋秉政之人无与。故今后之言论,亦将以促社会之自觉者居大部分,而不偏于政论之一方。而又以空虚无町畦之辞,于事实无裨益,徒足滋社会之迷惘。故今后所陈情于社会者,尤当注重于切实可行之具体问题。[1]

"东方杂志社"同人认为,即使文章的理论性不高,只要能够关注社会现实问题也可以刊发。"虽卑之无甚高论,然本志则以为此等问题,颇合于可以实行之条件。既

---

[1] 坚瓠:《本志之希望》,《东方杂志》1920年第17卷第1号。

合于可以实行之条件，斯有其讨论研究之价值矣。"❶ 如《论提倡国货宜设消费协会》和《说协济会》等文章。《东方杂志》要求言论必须以"事实为归宿"，"凡吾人有所主张，其仅凭主观之理想者，断不如凭客观之事实者之真切"。❷ 如果研究世界历史，"自旧时代而转入新时代之际，则尤非开拓心胸，旷观域外，不足以见事实之全体，而定吾人立身处世之方针"。❸

正如王云五所说，登载的文章要"注重新知之介绍，然力避武断"，"然本志仍不敢揭一派之旗帜以自限域。有时且故列两派相反之学说以资比较。此非本志欲托于调停两可间，以为藏身之固也。调停两可者，于甲说取其半，于乙说亦取其半。其结果必至甲说乙说皆失其真相。而本志不然，其介绍甲说也，务存甲说之真相；其介绍乙说也，亦务存乙说之真相。两方面之真相既存，则吾人欲为最后之从违抉择，亦庶几不大背乎事实。惟当其寻求真相以为从违抉择之预备之时，则甲说乙说，必俱作平等观而后可。科学家之立断案也，必搜集各种证据，以验其有

---

❶ 坚瓠:《本志之希望》,《东方杂志》1920年第17卷第1号。
❷ 坚瓠:《本志之希望》,《东方杂志》1920年第17卷第1号。
❸ 坚瓠:《本志之希望》,《东方杂志》1920年第17卷第1号。

无反对之理由，不敢有先入之见，偏倚之心也。今日则正吾人搜集各种证据之时也，此本志所为不敢以一派之学说为定论也"。❶为了达到"不敢专主一派之学说"的目的，《东方杂志》设置了诸如"时论介绍""读者论坛"等栏目，"对于学术社会诸问题，各抒其所见"。❷

创办杂志的宗旨往往就决定了其内容的设置。《东方杂志》关注、刊载的内容大体可以分为以下几个方面。（1）关于社会主义学说的译介。《东方杂志》创办后不久，就掀起了以《新青年》（1915年9月的创刊号为《青年杂志》，第二卷起改名为《新青年》）为中心的新文化运动，打开了禁锢人们陈旧思想的闸门，启发了人们的民主思想觉悟。同时，受第一次世界大战的深刻影响，暴露了西方资本主义社会的弊端，使得社会主义思想逐步兴起、蔓延，从而为正在苦闷之中彷徨前行的知识分子指出了一条新的发展道路。通过对《东方杂志》全文数据库进行检索，以"社会主义"为篇名的文章达到117篇。（2）西方各种自然科学和社会科学的译介，如哲学、社会学、法学、心

---

❶ 坚瓠：《本志之希望》，《东方杂志》1920年第17卷第1号。
❷ 坚瓠：《本志之希望》，《东方杂志》1920年第17卷第1号。

理学、军事学等,甚至一些讽刺画、小品文之类的作品也受到《东方杂志》的欢迎。(3)关于中国的各种社会现实问题,如工人问题、革命问题、战争问题、妇女问题、农民问题、贫困问题、土地问题、青年问题、教育问题、艺术问题、文化问题,等等,涉及社会生活的各个方面。尽管《东方杂志》注重学术性的理论文章,但是它并非脱离社会现实抽象地谈论学说,而且关注社会现实问题,有着强烈的社会责任感,文章内容是有感而发。

第二节 《东方杂志》关注社会主义的代表性作者和文章

一、《东方杂志》关注社会主义的代表性作者

以 1840 年鸦片战争为开端,中国一步步沦为外受西方列强欺凌、内乱不止的一个半殖民地半封建国家,劳苦大众在帝国主义、封建主义和官僚资产阶级的压迫下备受

煎熬、艰苦度日，中华民族的生存遇到了前所未有的尖锐挑战。中国近代知识分子积极向西方寻找真理、探求出路，而他们最终找到马克思主义的真理却经过了一个艰难曲折的发展历程。到19世纪末20世纪初，西方国家逐步由自由资本主义发展到垄断资本主义阶段，其本身的弊端也日益暴露出来。中国各个阶层的有识之士意识到如何在学习西方的过程中避免资本主义社会的这些弊端，他们纷纷从事对社会主义学说的介绍和研究，从中汲取有用的信息。中国知识分子在寻求救国救民真理的过程中，刚开始接触到的是欧洲的各种社会主义学说，从中了解到马克思的名字以及马克思学说的只言片语。报纸、杂志是较早介绍、传播社会主义的重要载体。中国最早提到马克思主义的报刊是上海广学会主办的《万国公报》。1899年2月《万国公报》刊登了李提摩太节译、蔡尔康笔述的《大同学》，其中多次提到马克思、恩格斯的名字。最早提到社会主义、共产主义的概念是1901年1月中国留日学生主办的《译书汇编》杂志刊登了日本学者贺长雄《近世政治史》的译文。该文在介绍万国工人总会，即第一国际和社会党时提到了欧洲的社会主义学说。

第一章 《东方杂志》作者群与社会主义观念谱系

社会主义作为近代中国最主要的社会思潮之一,学界从不同的角度进行了梳理。学者郑大华认为,自从社会主义学说传入中国以后,尤其是"五四"前后,"中国的社会主义可以分为两条思想谱系,一条是中国共产党人以及在中国共产党领导下的左翼知识分子的社会主义思想及其实践,另一条则是以报刊编辑、大学教授为中坚的中国知识界的社会主义思想及其追求"。[1] 在对近代社会主义学说研究时,要注重研究的全面性。中国共产党及其领导下的左翼知识分子宣扬和接受的是马克思主义的科学社会主义,而中国知识界的社会主义观念则是不统一的,呈现出多种多样的面貌。

聚集在《东方杂志》周围的大批优秀知识分子,积极引介西方的各种学说为我所用。其中,编者也在《东方杂志》上发表了大量文章,为了叙述的方便,本书统一称为作者。根据对《东方杂志》数据库进行统计,《东方杂志》的作者共有 5007 人次(见表 1-1)。

---

[1] 郑大华:《中国近代社会主义研究的几个问题》,《教学与研究》2010 年第 10 期。

表 1-1 《东方杂志》作者人数统计表

序号	姓氏首字母	人次
1	A	93
2	B	150
3	C	383
4	D	146
5	E	41
6	F	156
7	G	215
8	H	330
9	I	6
10	J	238
11	K	73
12	L	559
13	M	213
14	N	41
15	O	21
16	P	105
17	Q	111
18	R	113
19	S	327

续表

序号	姓氏首字母	人次
20	T	150
21	U	1
22	V	4
23	W	368
24	X	274
25	Y	335
26	Z	554
总计		5007

"20世纪上半叶中国社会各个学术领域的佼佼者无不在它上面留下了声音，中国思想界的每一次波动无不在它上面存有痕迹。"❶ 对《东方杂志》数据库进行如下统计：一是在《东方杂志》发表文章总数前15位的作者（见表1-2）；二是在《东方杂志》发表含"社会主义"关键词文章的前15位作者（见表1-3）；三是《东方杂志》关注"社会主义"的主要作者（见表1-4）。统计的目的是考察

---

❶ 洪九来：《宽容与理性：〈东方杂志〉的公共舆论研究（1904—1932）》，上海：上海人民出版社2006年版，导论，第2页。

一下《东方杂志》作者群关注社会主义学说的程度和社会主义在中国的传播趋势。

表 1-2 在《东方杂志》发表文章总数前 15 位的作者统计表

序号	作者	篇数
1	胡愈之	546
2	黄幼雄	328
3	杜亚泉	254
4	东序	232
5	陈三立	212
6	许家庆	179
7	俞颂华	167
8	从予	137
9	钱智修	135
10	君实	134
11	武育干	134
12	章锡琛	118
13	哲生	112
14	运公	111
15	吴泽炎	100

表1-3 在《东方杂志》发表含"社会主义"关键词文章的前15位作者统计表

序号	作者	篇数
1	胡愈之	91
2	杜亚泉	27
3	俞颂华	26
4	君实	21
5	黄幼雄	17
6	楼桐孙	15
7	良辅	14
8	张明养	14
9	章锡琛	13
10	许家庆	13
11	樊仲云	12
12	东序	11
13	潘楚基	11
14	钱智修	11
15	吴泽炎	11

表 1-4 《东方杂志》关注"社会主义"的主要作者一览表

主要人物	同道者	核心观念	支撑性词汇	时间
杜亚泉（高劳、伧父）	钱智修、张君劢	文化保守主义作者	改良、进化、调和	清末民初
胡适	张慰慈、俞颂华、宋国枢	自由主义作者	自由、正义	20世纪30年代
瞿秋白	恽代英、陈望道、胡愈之（化鲁）、冯宾符、范寿康、张明养、吴恩裕、邓初民	左翼作者	唯物史观、革命、民主、法治	五四时期以及20世纪40年代

通过表 1-2、表 1-3、表 1-4 的比较可以发现，在《东方杂志》上发表文章总数较多的作者也是发表有关"社会主义"的文章较多的作者，这也在一定程度上表明，该刊一直在关注、介绍社会主义学说以及苏联社会主义革命和建设的情况。由此，笔者得出这样一个结论：在近代中国西学东渐的背景之下，社会主义学说已经或隐或现地成为主流政治思潮，对国人产生了重大的影响。通过分析，也为以下各章的叙述奠定了较为扎实的基础。为与本书的研究主题相吻合，这里主要概述关注、介绍社会主义学说的《东方杂志》作者。

第一章 《东方杂志》作者群与社会主义观念谱系

当今的中国学术界一般借用西方学者的观点来概括近代中国社会思潮的发展状况，如保守主义、自由主义和激进主义等。根据这一观点，加之《东方杂志》作者对社会主义学说见解的不同，笔者把他们也大体分为三种类型。下面介绍这三种类型中的几位代表性作者。

（一）《东方杂志》关注社会主义的保守主义作者

杜亚泉（1873—1933），原名炜孙，字秋帆。别名伧父、高劳。浙江绍兴人。杜亚泉早年仰慕林则徐、魏源，受经世匡时的近代今文经学影响较深。1894年肄业于省垣崇文书院。1895年开始学习中、西算法以及物理、化学。1899年在蔡元培任督监到绍兴中西学堂任教。1900年任上海商务印书馆理化部主任，并创设亚泉学馆，"辑录格致算化农商工艺诸科学"，发行《亚泉杂志》。1901年把《亚泉杂志》改名为《普通学报》，并增加了人文科学的内容。1912年任《东方杂志》主编。杜亚泉认为："西洋为动的社会，中国为静的社会。动的社会产生动的文明，静的社会产生静的文明"，"西洋动的文明的弊端要靠中国固有的静的文明来救济"。❶杜亚泉提出了中西文明调和的问题，认为战后西方社会的病态比中国更为严重，其经济的变动必然趋向于社会主义。尽管杜亚泉思想上倾向于社会主义，但是主张社会改良，宣传改良主义和实用主义，受到当时进步思想界的批评。1920年，杜亚泉受到与陈独秀论战的影响被迫辞去《东方杂志》主编职务。五四时期是中国政治风云突变、社会急速进步的历史时期，而在这样的社会背景下，杜亚泉仍然坚持改良主义的主张，就会使人明显地感觉到他"过于稳健、过于持重、过于保守"。❷

钱智修（1880—1947），字经宇，嵊县人。1904年毕业于复旦大学。1911年8月任上海商务印书馆编译所编辑，出版了《近代社会主义》《德国大哲学家郁根传》《苏格拉底》《林肯》《拿破仑》《克林威尔》《达尔文》等颇有影响的书籍，传播民主思想和社会主义思想。1920年1月钱智修担任《东方杂志》主编（杜亚泉辞去《东方杂志》

---

❶ 杜亚泉：《静的文明与动的文明》，《东方杂志》1916年第13卷第10号。

❷ 许纪霖、田建业：《杜亚泉文存》，上海：上海教育出版社2003年版，代序，第5页。

主编后，暂由陶惺存任主编，后由钱智修任主编）。1932年1月29日，日机轰炸商务印书馆，《东方杂志》被迫停刊。《东方杂志》停刊后，钱智修接受于右任的邀请，任国民政府监察院秘书长职务。从总体上看，钱智修的思想表现为文化上的保守主义态度和政治上的自由主义倾向的统一。一方面表现出文化上的保守主义态度。钱智修参加了五四时期开展的东西文化论战，主张学术不要受功利主义的影响，并在批判全盘西化论、东方文化说及东西文化调和论的基础上提出了"互助的文化观"，强调要坚持和发扬中国传统文化。另一方面表现出政治上的自由主义倾向。钱智修对西方的民主政治理念表示认同，主张借鉴西方的文化促进中国的进步。但是，钱智修不希望中国发生剧烈的社会变革，主张渐进式的社会变革。

（二）《东方杂志》关注社会主义的自由主义作者

胡适（1891—1962），原名胡洪骍、嗣穈，字希疆。后改名适，字适之。安徽绩溪人。1910年赴美留学，1917年回国，任北京大学教授。因提倡文学革命而成为新文化运动的主将之一，在文化界、学术界享有很高的学术地位。作为中国自由主义主要代言人的胡适与商务印书馆编译所有着很深的渊源关系。时任商务印书馆编译所的高梦旦拟请聘任胡适作他的"继任者","北京大学固然重要,我们总希望你不会看不起商务印书馆的事业。我们的意思确是十分诚恳的"。❶胡适为此利用暑假时间对商务印书馆编译所进行了45天的实地考察,但认为自己的"性情和训练都不配做这件事",婉言谢绝后推荐了自己的老师王云五先生。胡适在《东方杂志》发表的文章有21篇,其中与社会主义有关的文章是《我们对于西洋近代文明的态度》❷《一年来关于民治与独裁的讨论》❸等。

张慰慈(1890—1976),字祖训,江苏吴江人。中国第一代政治学家。早年留学美国,获哲学博士学位。回国后在北京大学、北京法政大学、东吴大学、中国公学任教,担任过安徽大学图书馆馆长。著有《英国选举制度史》《政治学大纲》《妇女论》等。张慰慈是胡适的好朋友,

---

❶ 胡适:《高梦旦先生小传》,《东方杂志》1937年第34卷第1号。
❷ 胡适:《我们对于西洋近代文明的态度》,《东方杂志》1926年第23卷第17号。
❸ 胡适:《一年来关于民治与独裁的讨论》,《东方杂志》1935年第32卷第1号。

第一章 《东方杂志》作者群与社会主义观念谱系

五四时期曾为《每周评论》等刊物写过许多文章。张慰慈深受胡适思想的影响,表现出强烈的自由主义倾向。在《东方杂志》发表的代表性文章有《革命》❶《国际劳工组织》❷《俄国革命前后社会阶级状况的变迁》❸《苏俄政府的经济政策》❹《战后的欧洲劳工阶级》❺等。

陶履恭(1897—1960),字孟和,天津市人。中国现代社会学家。早在1912年,陶履恭在《东方杂志》发表《平等篇》❻一文,探讨人的平等、男女平等问题。1913年前往英国伦敦经济学院学习社会学,回国后在北京大学任教。在北京大学期间,陶履恭与陈独秀、胡适等相识相知,深受陈独秀、胡适等人思想的影响。在担任《新青年》编辑期间,发表了大量文章,极力提倡科学和民主、改革和创新社会制度、研究社会实际问题以及拥护平民教

---

❶ 张慰慈:《革命》,《东方杂志》1928年第25卷第18号。
❷ 张慰慈:《国际劳工组织》,《东方杂志》1926年第23卷第1号。
❸ 张慰慈:《俄国革命前后社会阶级状况的变迁》,《东方杂志》1926年第23卷第4号。
❹ 张慰慈:《苏俄政府的经济政策》,《东方杂志》1926年第23卷第9号。
❺ 张慰慈:《战后的欧洲劳工阶级》,《东方杂志》1926年第23卷第22号。
❻ 陶履恭:《平等篇》,《东方杂志》1912年第9卷第8号。

育运动，充分表现了他的科学态度和民主精神。

（三）《东方杂志》关注社会主义的左翼作者

恽代英（1895—1931），笔名代英、英、但一、遽轩等，字子毅，化名王作霖，祖籍江苏省武进县，生于湖北省武昌镇。1913年考入私立武昌中华大学预科。1919年积极参加五四爱国运动。恽代英在《东方杂志》上共发表16篇文章，其中与马克思主义相关的代表性文章是《英哲尔士论家庭的起源》❶《英哲尔士论家庭的起源（续）》❷《民治运动》❸等。英哲尔士即为恩格斯。在《英哲尔士论家庭的起源》等文中，恽代英根据马克思主义的观点深刻阐述了家庭、国家和社会的发展历史。恽代英在《民治运动》一文中提出，只要唤起民众的力量，实行社会革命，实现民主政治，中国必然会有一个好的发展前途。

陈望道（1891—1977），原名参一，又名融，字任

---

❶ 恽代英：《英哲尔士论家庭的起源》，《东方杂志》1920年第17卷第19号。
❷ 恽代英：《英哲尔士论家庭的起源（续）》，《东方杂志》1912年第17卷第20号。
❸ 恽代英：《民治运动》，《东方杂志》1912年第19卷第18号。

重，笔名陈佛突、陈雪帆、南山、张华、一介、焦风、晓风、龙贡公等，浙江义乌人。中国教育家、修辞学家、语言学家。1919年毕业于日本中央大学法科，同年回国。曾任浙江省立第一师范学校教员，从事新文化运动。1919年4月在上海参加《星期评论》编辑工作。1920年5月参加马克思主义研究会，8月翻译了《共产党宣言》的第一个中译本。1920年和陈独秀等发起组织上海共产主义小组，参加工人运动，并任《新青年》杂志编辑。陈望道在《东方杂志》上发表的文章不多，影响比较大的是《社会主义的意义及其类别》[1]一文。

吴恩裕（1909—1979），满族，辽宁省西丰县人。吴恩裕在少年时代就非常热爱学习，博览群书，从1926年起就对马克思主义著作产生了兴趣；1928—1933年曾先后就学于东北大学俄文系、哲学系，清华大学哲学系；1933—1935年在北京主编《行健月刊》等刊物时，曾主动邀请一些左翼作家在这些刊物上发表文章；1936—1939年在英国伦敦大学政治经济学院学习，获政治学博士学

---

[1] ［日］高畠素之：《社会主义的意义及其类别》，望道译，《东方杂志》1921年第18卷第11号。

位；回国后曾在重庆中央大学、北平师范大学、清华大学、北京大学等高等学校任教授；1952年全国高等院校院系调整时，调北京政法学院任教授；1978年4月调中国社会科学院任研究员。吴恩裕是我国著名的政治学家、法学家和《红楼梦》研究专家。为与本书的研究时段相吻合，这里主要介绍他于1949年前出版的有关马克思主义、政治学方面的著作：《马克思的哲学》❶《政治思想与逻辑》❷《民主政治的基础》❸《马克思的政治思想》❹《西洋政治思想史（上古中世编）》❺《唯物史观精义》❻《政治学问题研究》❼等。

吴恩裕在《东方杂志》上发表的与社会主义相关的文章主要有：《对于政治的认识与态度》❽《对于民主的新认

---

❶　吴恩裕：《马克思的哲学》，北平：北平人文书店1935年版。
❷　吴恩裕：《政治思想与逻辑》，重庆：重庆文化服务社1944年版。
❸　吴恩裕：《民主政治的基础》，北京：商务印书馆1944年版。
❹　吴恩裕：《马克思的政治思想》，北京：商务印书馆1945年版。
❺　吴恩裕：《西洋政治思想史（上古中世编）》，上海：上海文化服务社1947年版。
❻　吴恩裕：《唯物史观精义》，上海：上海观察社1948年版。
❼　吴恩裕：《政治学问题研究》，北京：商务印书馆1944年版。
❽　吴恩裕：《对于政治的认识与态度》，《东方杂志》1945年第41卷第2号。

第一章 《东方杂志》作者群与社会主义观念谱系

识》❶《法治与中国政治改进》❷《自由主义与社会主义的新趋势》❸等。

从以上《东方杂志》作者的求学、工作经历可以看出,他们具有以下几个特点。

其一,他们中很多人有留学经历,其中以留学日本、美国、英国为主,如潘力山、刘叔琴、陈望道、邓初民等皆为留日学生,吴恩裕等为留英学生。

其二,保守主义作者杜亚泉、钱智修等为早期的立宪派、维新志士,他们注重中国传统文化的作用。而一些左翼作者,如胡愈之、吴恩裕等是在新文化运动的熏陶中成长起来的,他们具有较好的国学基础,并且比较系统地学习西学,视野较为开阔。

其三,他们大部人的籍贯在江浙一带,这也说明了江浙一带经济富庶对教育发展的促进作用。

---

❶ 吴恩裕:《对于民主的新认识》,《东方杂志》1946年第42卷第14号。

❷ 吴恩裕:《法治与中国政治改进》,《东方杂志》1946年第42卷第15号。

❸ 吴恩裕:《自由主义与社会主义的新趋势》,《东方杂志》1946年第42卷第16号。

二、《东方杂志》关注社会主义的代表性文章

作为商务印书馆的标志性刊物,《东方杂志》历经清末、辛亥革命、五四运动、抗日战争、解放战争等各个重大历史阶段,紧紧跟随时代发展的潮流,以比较客观的态度,全面登载经济、政治、文化、教育、军事等国内外的最新消息,翔实地记录了近现代中国发展历程中发生的各项重大事件。

从以上的办刊宗旨可以看出,《东方杂志》是一种注重学术性的刊物,"就'东方'的个性言,她是纯学术而极普遍的一项刊物。这就是说,她所负载的各种文字,并不是武断的臆说、空洞的理论,乃是经过一番研究的各种学问上的发挥,学术家可以用作参考,职业家以及从事政治的人们可以当作建议或情报,一般的读者更可用为广大智识增进思想的工具"。❶ 正是因为如此,《东方杂志》广邀各个领域的专家、学者积极撰稿,以增进时人的知识。"《东方杂志》是全国大部分文人三十余年的心血培养出来

---

❶ 读者作者与编者栏目:《所谓编辑方针》,《东方杂志》1933年第30卷第7号。

的一个刊物,她的读者遍世界,销数达五六万份,她自降生以至今日,内容之专重学术介绍,态度之中正不阿,早已铸成了一种不可摇撼的'个性'"。❶

社会主义是近代中国主要的社会思潮之一。本书主要是关注近代中国知识分子引介、接受、传播社会主义学说的情况,所以重点对社会主义的传播历程进行考察。以"社会主义"为标题,通过"《东方杂志》全文检索数据库"的检索,1911—1938年以"社会主义"为标题的文章共有117篇(见表1-5);《东方杂志》发表有关"社会主义"的代表性文章有120篇(见表1-6)。

社会主义在近代中国的发展经历了几个高潮时期,即1911—1919年的辛亥革命和新文化运动时期,1920—1921年的中国共产党建立时期,1929—1933年的西方国家的资本主义经济危机时期。从辛亥革命一直到新文化运动时期,面对封建军阀的腐朽统治和思想禁锢,中国的思想文化界异常活跃,包括社会主义学说在内的西方先进的思想文化被引进到中国来;在中国共产

---

❶ 读者作者与编者栏目:《所谓编辑方针》,《东方杂志》1933年第30卷第7号。

党建立时期，具有共产主义觉悟的先进分子积极传播马克思主义；在西方国家的资本主义经济危机时期，资本主义社会所固有的矛盾和弊端暴露出来，使越来越多的中国先进知识分子认识到，资本主义不适合中国，只有社会主义才能救中国。从表1-5的统计数字中可以看出，《东方杂志》作者一直长期关注着社会主义思潮的发展态势。尤其是在辛亥革命时期和新文化运动时期，中国共产党建立时期以及西方国家的资本主义经济危机时期，《东方杂志》作者对由西方传入的社会主义学说更是表现出了极大的关注热情。

表1-5 1911—1938年《东方杂志》以"社会主义"为标题的文章统计表

序号	年份	篇数
1	1911	5
2	1912	3
3	1918	2
4	1919	5
5	1920	10
6	1921	17
7	1922	32

续表

序号	年份	篇数
8	1923	2
9	1924	8
10	1925	2
11	1926	2
12	1929	7
13	1930	3
14	1931	3
15	1933	3
16	1934	4
17	1935	2
18	1936	2
19	1937	3
20	1938	2
总计		117

《东方杂志》作者遍及社会的各个领域（参见第一章第一节第二部分"《东方杂志》作者群"的介绍）。表1-6的统计情况表明，在近代中国西学东渐的背景下，《东方

杂志》作者根据自己的研究领域和兴趣来阐释社会主义学说，呈现出如下两个特点。

第一，时代感强。1840年鸦片战争以后，中国受到西方列强的侵略，广大人民生活在水深火热之中。无数的仁人志士为了摆脱西方列强的压迫，争取民族独立，向西方学习先进的文化。《东方杂志》作者顺应时代潮流，积极传播进化论、社会主义等学说，寻求中国的出路。

第二，内容广泛。《东方杂志》作者在介绍社会主义学说时，既涉及社会主义的各种类别，又涉及社会主义的各种内涵；既阐述社会主义的来源，又阐述社会主义的未来发展趋势；既解释社会主义自身的内涵，又比较社会主义与其他思潮的关系；既关注国内的社会主义发展趋势，又关注国外的社会主义发展动向。

表1-6 《东方杂志》发表有关"社会主义"的代表性文章统计表

序号	作者	标题	时间	卷、号
1	钱智修	社会主义与社会政策	1911	第8卷第6号
2	［日］幸德秋水著，高劳译	社会主义神髓	1912	第8卷第11号 第9卷第1、2、3号
3	章臣	德国社会党之胜利	1912	第8卷第12号

续表

序号	作者	标题	时间	卷、号
4	甘永泷	论各国社会党之势力	1912	第8卷第12号
5	欧阳溥存	社会主义	1912	第8卷第12号
6	录《内外时报》	社会学与社会主义之关系	1911	第8卷第12号
7	欧阳溥存	社会主义商兑	1912	第9卷第2号
8	钱智修	法国社会党之势力	1912	第9卷第2号
9	钱智修	纪古巴之革命	1912	第9卷第4号
10	钱智修	论中国革新之现状	1912	第9卷第6号
11	孙中山	孙中山先生之社会主义讲演录	1912	第9卷第6号
12	钱智修	论工团主义之由来及其作用	1913	第9卷第7号
13	杨锦森	欧洲之平民政治	1913	第9卷第7号
14	高劳	吾人将以何法治疗社会之疾病乎	1913	第9卷第8号
15	陶履恭	平等篇	1913	第9卷第8号
16	高劳	论中国之社会心理	1913	第9卷第9号
17	钱智修	说政治家	1913	第9卷第12号
18	钱智修	瑞士平民政治之现状	1913	第10卷第2号

续表

序号	作者	标题	时间	卷、号
19	章锡琛	欧美劳动者之独立自助运动	1914	第10卷第9号
20	如如	近三十年之资本界与劳动界	1914	第11卷第5号
21	摘《内外时报》	晚近社会主义之派别与宗旨	1915	第12卷第4号
22	章锡琛	欧洲战争与劳动运动	1916	第13卷第7、8号
23	高劳	俄国大革命之经过	1917	第14卷第5号
24	申凤章	论欧洲战事与俄国革命之关系	1917	第14卷第5号
25	黄花	俄罗斯民主论	1917	第14卷第9号
26	钱智修	劳力主义	1917	第14卷第10号
27	高劳	革命后之俄国近情	1917	第14卷第12号
28	英魄	俄国女革命党魁追怀录	1917	第14卷第12号
29	君实	美国劳动者运动之趋势	1917	第14卷第12号
30	高劳	世界人之世界主义	1917	第14卷第12号
31	伧父	推测中国社会将来之变迁	1918	第15卷第1号
32	高劳	续记俄国之近状	1918	第15卷第1号
33	君实	美国之劳动界	1918	第15卷第1号

续表

序号	作者	标题	时间	卷、号
34	君实	俄国现在之政党	1918	第15卷第2号
35	善齐	述俄国过激派领袖李宁	1918	第15卷第3号
36	君实	劳动者失业保险制度	1918	第15卷第3号
37	君实	国家主义之根本的批评	1918	第15卷第3号
38	君实	俄国社会主义运动之变迁	1918	第15卷第4号
39	洪家秀	俄国形势之概要	1918	第15卷第5号
40	伧父	劳动主义	1918	第15卷第8号
41	高劳	国家主义之考虑	1918	第15卷第8号
42	谢婴白	俄法革命异同论	1918	第15卷第8号
43	君实	俄国土地之分给问题	1918	第15卷第9号
44	伧父	对于未来世界之准备如何	1918	第15卷第10号
45	刘大钧	社会主义	1918	第15卷第11号
46	南陔	社会主义之真诠	1919	第16卷第7号
47	宋国枢	驳产业问题上之社会主义	1919	第16卷第2号
48	君实	英国劳动党与社会改造	1919	第16卷第3号
49	刘九峰	俄国过激派统治之内容	1919	第16卷第7号
50	微	民本主义与社会主义	1919	第16卷第8号

续表

序号	作者	标题	时间	卷、号
51	善齐	欧俄之真相	1919	第16卷第10号
52	君实	社会主义之检讨	1919	第16卷第9、10、11号
53	罗罗	俄国之协济事业	1920	第17卷第1号
54	世界新潮栏目	捷克斯洛伐克协济事业之发达	1920	第17卷第3号
55	雁冰	俄国人民及苏维埃政府	1920	第17卷第3号
56	昔尘	边悌之社会主义	1920	第17卷第4号
57	[日]桑木严翼著，心瞑译	唯物论与唯物史观	1920	第17卷第5号
58	三无	法学的社会主义论	1920	第17卷第5号
59	昔尘	社会主义之未来国家	1920	第17卷第11号
60	昔尘	韦勃和法屏社会主义	1920	第17卷第14号
61	昔尘	柯尔和基尔特社会主义	1920	第17卷第15号
62	P.L.	社会主义与人生问题	1920	第17卷第16号
63	愈之	社会主义与自由主义	1920	第17卷第18号
64	鸣白	日本社会主义运动史	1920	第17卷第19号
65	恽代英	英哲尔士论家庭的起源	1920	第17卷第19、20号
66	丹卿	社会主义发达的经过	1920	第17卷第24号

续表

序号	作者	标题	时间	卷、号
67	范寿康	马克思的唯物史观	1921	第18卷第1号
68	潘公展	近代社会主义及其批评	1921	第18卷第4号
69	化鲁	马克思主义的最近辩论	1921	第18卷第6号
70	陈嘉异	社会主义与进化论之关系	1921	第18卷第9号
71	［日］高畠素之著，望道译	社会主义的意义及其类别	1921	第18卷第11号
72	昔尘	农业之社会主义化	1921	第18卷第13号
73	W	意大利之棒喝团及反社会主义运动	1921	第18卷第14号
74	孔常	英国劳工运动史	1921	第18卷第15号
75	六几	基尔特社会主义之历史的基础	1921	第18卷第20号
76	望道	职业的劳工联合论（上）	1921	第18卷第21号
77	世界新潮栏目	第三次国际共产党大会之经过及各国劳动运动之现在地位	1921	第18卷第21号
78	六几	基尔特社会主义原理	1921	第18卷第22号
79	［日］河上肇著，施存统译	马克思的理想及其实现的过程	1922	第19卷第6号
80	叶元龙	劳动价值论之研究	1922	第19卷第9号

续表

序号	作者	标题	时间	卷、号
81	[日]枡田民藏著，存统译	唯物史观在马克思学上的位置	1922	第19卷第11号
82	武堉干	由经济的帝国主义到经济的民主主义	1922	第19卷第15号
83	江亢虎	新民主主义新社会主义说明书	1922	第19卷第16号
84	恽代英	民治运动	1922	第19卷第18号
85	幼雄	五年来劳农俄国外交之变迁	1923	第20卷第4号
86	化鲁	红俄罗斯的最近	1923	第20卷第4号
87	化鲁	谁是苏维埃俄罗斯的统治者	1923	第20卷第5号
88	初民	政治问题之根本的讨论	1923	第20卷第9号
89	化鲁	民众运动的方式及要素	1923	第20卷第13号
90	化鲁	我们的两条路	1923	第20卷第22号
91	瞿秋白	现代文明的问题与社会主义	1924	第21卷第1号
92	刘叔琴	唯物史观在历史哲学上的价值	1924	第21卷第1号
93	瞿秋白	李宁与社会主义	1924	第21卷第6号
94	张慰慈	国际劳工组织	1926	第23卷第1号

续表

序号	作者	标题	时间	卷、号
95	张慰慈	俄国革命前后社会阶级状况的变迁	1926	第23卷第4号
96	张慰慈	苏俄政府的经济政策	1926	第23卷第9号
97	胡适	我们对于西洋近代文明的态度	1926	第23卷第17号
98	张慰慈	战后的欧洲劳工阶级	1926	第23卷第22号
99	张慰慈	革命	1928	第25卷第18号
100	陈宗城	国际劳工组织与中国	1928	第25卷第19号
101	哲生	苏俄的日常生活	1929	第26卷第6号
102	张维桢	班纳克支之社会主义与资本主义观	1929	第26卷第14号
103	〔日〕高畠素之著，宋斐如译	资本主义功过论	1929	第26卷第14号
104	董之学	印度民族运动的新趋势	1929	第26卷第20号
105	颂华	苏俄经济政策的变动及其最近的概况	1930	第27卷第6号
106	〔日〕大藏公望	苏维埃联邦之实相	1930	第27卷第9号
107	刘廷芳	苏俄的新经济政策观	1931	第28卷第1号
108	化鲁	第二国际与政权问题	1931	第28卷第8号

续表

序号	作者	标题	时间	卷、号
109	胡适	一年来关于民治与独裁的讨论	1935	第32卷第1号
110	金亚伯	游俄之印象	1937	第34卷第7号
111	冯仲足	苏联诞生二十年	1937	第34卷第18、19号
112	汪家祯	民主主义的回顾与前瞻——欧战思想背景的研究	1940	第37卷第18号
113	陈振汉	经济政策在苏德经济建设中之地位	1943	第39卷第11号
114	张明养	国际民主与民族问题	1944	第40卷第14号
115	杨幼炯	新世界重建的理想与设计	1944	第40卷第16号
116	吴恩裕	对于政治的认识与态度	1945	第41卷第2号
117	吴恩裕	对于民主的新认识	1946	第42卷第14号
118	吴恩裕	法治与中国政治改进	1946	第42卷第15号
119	吴恩裕	自由主义与社会主义的新趋势	1946	第42卷第16号
120	吴恩裕	"两个世界"是否必须对立	1946	第43卷第18号

第二章 《东方杂志》作者群对社会主义学说的认知

认知是指社会主体通过对社会现象的观察、思考从而获得一定知识的心理活动。一般而言,认知是人的大脑接受外界的信息,经过简单或者复杂的加工处理,再转化成某种心理活动,进而对人们的行为产生影响。这一信息加工的过程,也就是人们的认知过程。

社会主义是在近代中国出现的最重大的政治现象之一。由于时代背景以及个人经历、接受教育程度和立场等的影响，不同的政治主体对社会主义形成了不同的政治认知。《东方杂志》作者欧阳溥存的观点比较有代表性。关于社会主义学说兴起的时代背景，欧阳溥存认为，多年以来，一些杰出人士"以民族民权民生三事，号召诸夏，而清帝以逊位，共和民国建成，民族民权两主义遂以毕行矣。海内志士，乃抟精悉力，鼓吹社会主义。而疑之者亦时时反唇。夫一事物发生，必有之疑问，约有三端。例如甲，一曰曷为谓之甲，一曰何缘而有甲，一曰吾人对于甲应如何。此殆察言辨理者所必由乎，吾人对于社会主义应如何，此嗣今以往吾辈方当研究之者也。至曷为谓之社会主义，何缘而有社会主义，则今日一般人士所亟欲知。不自揣其无似，综撼大凡。迻述于编。将与志于斯者共审览之。疏浅之讥，所不却也"。❶

关于社会主义的名称及其由来，欧阳溥存认为："社会主义者，经济上所主张之一种义旨及其策略。与考辨群制迁变之社会学迥然弗同，此人所知者已。"❷所谓社会主义者，即是在社会这个大家庭中，人人共同享有经济上的

---

❶ 欧阳溥存：《社会主义》，《东方杂志》1912年第8卷第12号。
❷ 欧阳溥存：《社会主义》，《东方杂志》1912年第8卷第12号。

权利，没有过分的贫富差距。一旦过分的贫富差距出现，资本家、劳动者两种新的阶级就会随之产生。"资本集中，小富者又为大富者所压，降而为贫，贫者滋多，则劳动家之人数日增。人数增则以竞争故而劳银所得愈减，甚至驱一家之妇女老弱，悉赴工场，雇佣契约。自由劳动家为势所迫，一切盲从资本家之所要求。工值之低减也，作业时间之延长也，休日之废除也，皆不得不尽循资本家之意。于是无身心修养之暇，无家庭慰藉之愉，生事粗劣，居处卑狭，多病而早衰。一遇时疾者，死如振稿而叶落，群居萃处，男女杂错，则道德风仪。抑又有不可问者，此皆由个人主义发达太甚。"❶ 在这里，作者分析了资本家唯利是图的心态，资本家只有"利己心"，而缺乏关心社会的"公共心"。正是因为有了利己之心，而对于社会公德就置之不问了。最后的结果只能是，"惟计小己之乐利，罔顾社会之弊害，于是上下相嫉视，贫富相仇恨。一旦机发，暴乱以起"，❷ 以至于两者相互厮杀，玉石俱焚。作者进一步分析了产生这种社会现象的根本原因在于"财产之私有

---

❶ 欧阳溥存：《社会主义》，《东方杂志》1912年第8卷第12号。
❷ 欧阳溥存：《社会主义》，《东方杂志》1912年第8卷第12号。

也，谓资本之万能也"。对于这种社会现象，如果只是修修补补，已经"略无效焉"。所以必须"从根柢上一改革经济社会之制度，荡除资本劳动两阶级，使人人咸公役于国家，不得任一部分人私据资本以役使一部分人令为劳动者。如是，社会中乃真正平等幸福。社会主义此之谓也"。❶

《东方杂志》作者对社会主义派别的分析多种多样，马克思、恩格斯创立的辩证唯物主义和历史唯物主义是鉴别与划分社会主义派别和思潮的基本原则，而他们所著的《共产党宣言》则为马克思主义者正确鉴别与划分社会主义派别和思潮树立了榜样。马克思、恩格斯在《共产党宣言》中把各种非科学的社会主义派别和思潮具体划分为三流五派：（1）反动的社会主义。其中又分为封建的社会主义、小资产阶级的社会主义和德国的或真正的社会主义三派。（2）保守的或反动的社会主义。（3）批判的空想的社会主义。对于非马克思派社会主义，《东方杂志》作者昔尘也有一个较为准确的说法，他认为："兹所谓非马克思派之社会主义者。若洛褒德乌文（Robert Owen）、圣西门（St. Simon）等之空想派社会主义。巴枯宁、克鲁泡特金

---

❶ 欧阳溥存：《社会主义》，《东方杂志》1912年第8卷第12号。

之无治主义。罗素称为'市场无治主义'之工团主义。及最近勃兴于英国之基尔特社会主义等皆包含于其中。"❶ 为尊重《东方杂志》作者的原来的说法起见,本书从总体上把社会主义的派别分为"马克思派"社会主义和"非马克思派"社会主义两大类,❷ 并较为详细地考察他们各自对社会主义理解以及他们观点的异同之处。❸

第一节 对"马克思派"社会主义的认知

所谓"马克思派"社会主义,《东方杂志》作者刘大

---

❶ 昔尘:《边梯之社会主义》,《东方杂志》1920年第17卷第4号。

❷ 关于"马克思派"社会主义和"非马克思派"社会主义的说法,李达在1921年6月《新青年》第9卷第2号上曾发表过《马克思派社会主义》一文,阐述马克思主义"劳动专政"的思想。《东方杂志》作者六几在1921年9月《评论之评论》上发表《评马克思派社会主义》一文。可见,这一提法在当时的学界是很普遍的,也与当今的表达相一致。

❸ 关于《东方杂志》作者关于唯物史观、剩余价值学说、阶级斗争和无产阶级专政的理论、基尔特社会主义、无政府主义的整体性介绍以及关于苏联计划经济的评价,可参考鲁法芹:《〈东方杂志〉与社会主义思潮在中国的传播》,济南:山东大学2011年博士学位论文。

钧认为，此派创始于"卡儿马克斯（马克思——笔者注），马德人，家小康，妻为爵士女。初入革命党，继专心经济革命，著书曰母财，为社会主义之巨子，其以科学名派者"。❶马克思首次提出了"经济定运说"，"马克斯（马克思——笔者注）研精史学，于国家之兴亡，世事之变迁，沿流溯源，则见皆为经济势力之所左右，生产状况造其因，政治宗教学术文化为其果"。❷马克思考察了人类数千年的发展历史，把人类社会划分为三个时代，即上古时代、封建时代和资产时代。封建制度是指产生于徒手工作之时代。等到大工业的兴起，资本家就起而代之。"故汽机者，产生今日资本家世界之原动力也。"❸社会组织也随着生产状况而发生变迁，新道德、新思想、新制度也随之产生。而社会上的一般人，则不能洞察其中的奥秘，"俗子无知，遂误以此道德思想制度为陶铸万物之洪炉。殊不知无社会，则道德思想制度无由产生。而社会之生存，又全视生产状况为转移者也"。❹作者又举例说明，16世纪

---

❶ 刘大钧：《社会主义》，《东方杂志》1918年第15卷第11号。
❷ 刘大钧：《社会主义》，《东方杂志》1918年第15卷第11号。
❸ 刘大钧：《社会主义》，《东方杂志》1918年第15卷第11号。
❹ 刘大钧：《社会主义》，《东方杂志》1918年第15卷第11号。

时的生产状况正是依赖于科学，而教皇限制人们进行科学研究，于是造成科学与宗教势不两立的局面。"世人欲得科学之用，乃不得不行宗教之革命，而新教以兴。"❶ 所以，作者指出，"今日之资财社会，有自灭亡之道"。❷ 而资本主义社会最终灭亡的原因就是作为社会之大弊的"财为私人所有"。所以，"必母财全为社会所公有而后可，而速其实现之道，以级争为最善"❸ 就是本此主义。马克思于1848年在德国组织社会党，并印行社会党纲。但是后来被政府解散。在1863年又成立万国工团，并引起整个欧洲政府的惧怕。马克思阶级斗争"最利之武器，则为全体之罢工。欲使全国全世界全数之工人，皆停止操作，则资财社会，自必破坏净尽"。❹

《东方杂志》作者欧阳溥存把"马克思派"社会主义称为极端社会主义，也称为共和社会主义。共和社会主义是社会主义与政治上之共和主义的结合，他还分析了"马克思派"社会主义产生的思想渊源，"此说盛昌于法兰西

---

❶ 刘大钧：《社会主义》，《东方杂志》1918年第15卷第11号。
❷ 刘大钧：《社会主义》，《东方杂志》1918年第15卷第11号。
❸ 刘大钧：《社会主义》，《东方杂志》1918年第15卷第11号。
❹ 刘大钧：《社会主义》，《东方杂志》1918年第15卷第11号。

人卜南(1813—1882),比利时瑞士之学者,咸与声应,德意志人亦剧嗜其说"。❶ 共和社会主义的要旨就是"破除私有资本制度,将使国家自为惟一之大资本家,建设国民大工场,群一国之人民,咸于国家大工场共同劳动。如是,则国中资本劳动二家之迹俱销,而以富凌贫之弊,终莫由启"。❷ 他认为,"先是桑西门(1760—1825),胡廉(1772—1833),阿文(1771—1858)均为社会主义之巨子"。❸ 作者所分析的是空想社会主义者圣西门、欧文等,他们的主张虽然略有差异,但基本观点是一致的。比如,"桑氏以谓产业者吾人生活之原,产业为一部分人所占有,则必有一部分人之生活因之不遂。法当举一切产业,悉归属诸国家,以塞兼并之原,而杜富凌贫之渐。故欲社会之平等幸福,当组织集中的产业国家"。❹ 欧文认为"万恶皆起于金钱,金钱不毁,大盗不止。法当举所有货币,废不复存。市肆间所以为易中者,独另行一种之券,此券盖计劳动者之工值,持此投国家公有之仓库及物品列贮所,则

---

❶ 欧阳溥存:《社会主义》,《东方杂志》1912年第8卷第12号。
❷ 欧阳溥存:《社会主义》,《东方杂志》1912年第8卷第12号。
❸ 欧阳溥存:《社会主义》,《东方杂志》1912年第8卷第12号。
❹ 欧阳溥存:《社会主义》,《东方杂志》1912年第8卷第12号。

第二章 《东方杂志》作者群对社会主义学说的认知

可以如分以获其所需,而不劳动者无因受此券也"。❶马克思继承发展了圣西门等人的观点,认为"以谓经济上之生产者独在勤劳,勤劳所获之剩余价值"。❷剩余价值生产出来以后,"则并归业主,主与佣之所得,遂日趋于不平。且主与佣之判别,奚自起乎。起于土地及资本之有与无也。占有土地,取得资本,则为主矣,否则为佣"。❸欧阳溥存对马克思的劳动价值论认识得还是比较透彻的。

《东方杂志》作者刘叔琴把马克思主义学说分为社会组织进化论、资本主义的经济论和社会民主主义运动论三个部分。❹笔者在论述时,也遵循这一逻辑思路。为避免重复,本节主要对科学社会主义的理论基础唯物史观、剩余价值论进行阐述,而对科学社会主义运动的阐述安排在本书的第三章。现就《东方杂志》作者对唯物史观、剩余价值学说"关键词"的理解来分析他们对"马克思派"社会主义理论的政治认知。

---

❶ 欧阳溥存:《社会主义》,《东方杂志》1912年第8卷第12号。
❷ 欧阳溥存:《社会主义》,《东方杂志》1912年第8卷第12号。
❸ 欧阳溥存:《社会主义》,《东方杂志》1912年第8卷第12号。
❹ 刘叔琴:《唯物史观在历史哲学上的价值》,《东方杂志》1924年第21卷第1号。

一、唯物史观是马克思学说的"指南针"

（一）范寿康对"唯物史观公式"的认知

马克思在《资本论》的前身《经济学批评》一书的序言中讲述了自己研究经济学的过程，总结出了"唯物史观"这一重要结论，并把这一结论看作是自己全部学说的"指南针"。❶ 根据《东方杂志》作者范寿康对马克思唯物史观的原义和自我的见解，笔者把马克思"唯物史观公式"的"关键词"概括为十个方面（见表2-1）。

表2-1 范寿康对马克思"唯物史观公式"的认知一览表

关键词	意义分析	典型例句
社会生产	人类互结社会关系来生产生活必用品	人类的生活之社会的生产
生产关系	不论我们的意志是怎样与社会的生产力的发展程度相适应，必然的被一定的关系所规定	人类在社会生产过程中结成必然的关系

---

❶ 范寿康：《马克思的唯物史观》，《东方杂志》1921年第18卷第1号。

续表

关键词	意义分析	典型例句
意识形态	社会中所行的思想上、精神上之主义思潮及其他关于人类意识的状态	法律上及政治上的上层构造……也就是一定之社会的意识形态
社会存在决定社会意识	人类的生活状态决非被他们的思想所规定的,实际上我们的思想感情反被社会生存状态所规定	物质的生活之生产方法一般将社会的,政治的及精神的生活过程都行规定。人类的意识决非规定人类的存在的,实则人类的社会的存在反规定了人类的意识
社会物质生产力	生产力决定生产关系	社会的物质的生产力,在发展之一定的阶段,就与当时的生产关系——用法制上的名词说起来,就是所有关系——相冲突
社会革命	社会组织的变化	这种关系就从生产力的发展形式变成生产力的束缚,到这一个时候,社会的革命就起来了。随经济基础之变动,巨大的上层构造的全体,或是慢慢地,或是急剧地变革了
生产方式	生产方式是人类和人类社会存在和发展的基础	社会生产力和社会生产关系之间存在冲突
生产力决定生产关系	问题的解决必须有物质的条件已经存在,或最少已经逐渐成立的时候方才发生	一切的生产力在某种社会组织的里面尚有十分发展的余地的时候,这一种社会组织决不崩倒,而新的、程度高的生产关系,在这种关系之物质的存在条件于旧社会的母胎内被完全孵化以前,也决不发生

续表

关键词	意义分析	典型例句
非指个人的敌对	个人活动受社会组织的制约	所谓敌对云者非指个人的敌对乃指从各个人的生活之社会的条件所产生的敌对
人类历史的序史	从那种变革以后（实行社会主义以后）人类真正的历史方才发生，从亚细亚的生产制度到资本家的生产制度间的历史不过是人类真正历史之序论	在资本家的社会之母胎内发展的生产力同时造成解决这种敌对时所必要的条件，而人类历史之序史遂因这种社会组织而终结了

范寿康认为，马克思唯物史观中其实包括两个部分：（1）经济决定论。人类要生存下去，就必须解决吃、穿、住、行等基本问题。为了达到这样的目的，人们就必须进行物质资料的生产活动。如果停止了生产活动，人类就无法生存，整个的人类社会也会随之灭亡。同时，人类要从事政治、经济、科学、艺术、宗教等各类活动，也必须首先解决这些吃、穿、住、行等基本问题，也就是说，人类从事的其他各种社会活动必须以生产活动为基础。日本社会主义学者幸德秋水也认为："是思人之生也，不得不食，不得不衣，不得不防雨露风雪。美术也，宗教也，必先

满足其最初之要求,而后始得发展。"❶(2)社会组织进化论。作者认为社会组织进化论实际上也是马克思唯物史观一个有机组成部分。社会组织进化论又包括相互联系的两个方面,即社会生产力的进步与社会组织的发展之间存在着密切的联系;如果社会生产力发展了,社会组织也会随之而进行发展。一般来讲,在社会组织发展的初期,社会组织与社会生产力的发展"正相调和",当社会生产力发展到一定程度时,社会组织与社会生产力之间的调和"遂被破坏"。虽然社会生产力被社会组织所束缚,但是它依然保持旺盛的生命力,继续向前发展,于是二者的矛盾会愈演愈烈,最终导致社会革命的发生,即完成了对旧的社会组织的改造,新的社会组织就会继之而起。❷

(二)吴恩裕对唯物史观"主要命题"的认知

《东方杂志》作者吴恩裕认为,在实践上,各国的劳工运动和俄国革命都与唯物史观有着密切的关系;在理论

---

❶ [日]幸德秋水:《社会主义神髓》,高劳译,《东方杂志》1912年第8卷第11号。

❷ 范寿康:《马克思的唯物史观》,《东方杂志》1921年第18卷第1号。

上，唯物史观也引起了"激烈的争辩"，赞成者"每年都有若干新著，阐明马克思学说的真谛"，而反对者"指摘其缺陷"，"以期推翻马克思的系统"，所以必须对马克思学说的"基本问题"进行考证、解释。但是，"我们要想考证及解释唯物史观的意义，必须先知道它的主要命题。所谓主要命题就是用一句话把唯物史观所用的重要名词，全都表示出来。然后我们再就此主要命题，加以考释"。❶ 吴恩裕认为马克思唯物史观的主要命题是："在社会的发展过程中，人类物质生活的生产方法（即'下层建筑'），必然地决定其他社会上层建筑（如政治、道德、法律、宗教、哲学、美术等）的一般的性质。"❷ 可以说，这个命题概括了唯物史观的基本思想，而理解了其中的中心观念，即"生产方法""决定""一般的性质""必然地"等，就基本上领会了唯物史观的主要意义（见表2-2）。

---

❶ 吴恩裕：《马克思的政治思想》，北京：商务印书馆2008年版，第62页。该著是作者在英国伦敦政治经济学院的博士学位论文的中译本，1945年已由商务印书馆出版第1版。

❷ 吴恩裕：《马克思的政治思想》，北京：商务印书馆2008年版，第61-62页。

第二章 《东方杂志》作者群对社会主义学说的认知

表 2-2　吴恩裕对唯物史观"主要命题"的认知一览表

关键词	意义分析	典型例句
生产方法	参加生产过程的劳动力、工具和原料所表现出来的样子或形态	在社会的发展过程中，人类物质生活的生产方法（即"下层建筑"），必然地决定其他社会上层建筑（如政治、道德、法律、宗教、哲学、美术等）的一般的性质
决定	不是"创造"、不是充足原因，而是必要原因	
一般的性质	生产方法决定所有上层建筑；影响上层建筑的一般性质，而非特殊性质	
必然地	事物本身的法则或者内在必然性	

吴恩裕分别对"生产方法""决定""一般的性质""必然地"等观念进行了解释：（1）"生产方法"是唯物史观中的"物"。生产方法包括有目的的劳动、原料和工具三种因素，而这三种因素又是"联合地运动"，即劳动力工作时，必须利用工具，对原料加工才能生产出物品来。所谓方法（mode）是指一种形态，而形态只有活的东西才有，死的东西只有形而无态，从此意义上讲，生产方法是"一种动的东西"，是从古代、封建时代到资本主义时代依次更替的过程。所以，生产方法和"生产诸力"是不同的，"生产诸力"是处于"死睡"状态中的劳动力、原料

和工具，二者是动静之别。吴恩裕认为"任何社会中的生产方法，都是那个社会发展的基础"，❶他的这种解释相当于我们今天所表达的"生产方式"。（2）"决定"不是"创造（create）"，不是充足原因，而是必要原因。"创造"意味着充足原因（sufficient cause），一个新事物的产生必须具备的所有条件，而马克思的"决定"之意是必要原因（necessary cause），一个新事物的产生除去有了这个条件之外还需要其他条件。比如生命的存在需要空气，但具备了空气这个要素之外，还需要食物、住所等其他要素。再比如资本主义的生产方法决定资本主义性质的政治、法律、道德等，但资本主义性质的政治、法律、道德等并不是资本主义的生产方法所创造的。（3）"一般的性质"是指生产方法决定所有上层建筑。吴恩裕这里讲的"生产方法"是指"经济基础"。恩格斯指出："每一时代的社会经济结构形成现实基础，每一历史时期由法的设施和政治设施以及宗教的、哲学的和其他的观念形式所构成的全部上

---

❶ 吴恩裕：《马克思的政治思想》，北京：商务印书馆2008年版，第69页。

层建筑，归根到底都应由这个基础来说明。"❶ 同时，生产方法影响上层建筑的一般性质，而非特殊性质。政治、法律、道德、宗教等本身都有特殊性，"政治之所以为政治，是政治的特殊性"，"宗教之所以为宗教，是宗教的特殊性"。❷（4）"必然地"是指生产方法的决定作用是"不可避免的"，是事物本身的法则或者内在必然性。吴恩裕认为"个人的生活及人类的社会生活两种生存"❸必然地决定个人和人类社会的存在和发展。

从《东方杂志》作者范寿康、吴恩裕的观点来看，他们对马克思主义唯物史观的理解基本上是准确的。但是，也有《东方杂志》作者认为马克思"从唯物论之旨趣，以诠释历史"，"立说之奇特与详密"，具有参考的价值，同时也有"偏倚之见"。❹造成这种误解的主要原因是有些

---

❶ 马克思、恩格斯：《马克思恩格斯选集》第3卷，北京：人民出版社1995年版，第365页。
❷ 吴恩裕：《马克思的政治思想》，北京：商务印书馆2008年版，第75页。
❸ 吴恩裕：《马克思的政治思想》，北京：商务印书馆2008年版，第76页。
❹ ［日］桑木严翼：《唯物论与唯物史观》，心瞑译，《东方杂志》1920年第17卷第5号。

人只把马克思的唯物史观看作"以经济解释历史之义"。❶在这个方面，吴恩裕的观点很有说服力。吴恩裕认为，在人类社会的发展进程中，人类物质生活的生产方法必然地决定建立于其上的社会上层建筑。但是，"决定"一词的概念只是意味着经济基础是决定上层建筑的主要条件，而非唯一条件。地理环境、社会文化、人口因素等都对上层建筑的存在和发展具有重大影响作用。如果我们了解"决定"一词不等于"创造"，即经济基础决定上层建筑不是人类社会发展的充要条件，而是必要条件，"一切不必要的误解，自然会消除了"。❷

二、剩余价值学说是社会主义的"大宗"

《东方杂志》作者欧阳溥存对马克思的剩余价值学说进行了解释。马克思认为，劳动力是指人的劳动能力，是人的体力劳动和脑力劳动的总和。在资本主义生产过程

---

❶ [日]桑木严翼：《唯物论与唯物史观》，心瞑译，《东方杂志》1920年第17卷第5号。

❷ 吴恩裕：《马克思的政治思想》，北京：商务印书馆2008年版，第74页。

中，只有劳动力才能创造新的价值,"惟劳动力为能生财"。劳动力在生产过程中发挥作用的结果,不仅再生产出劳动力的价值,而且能够生产出剩余价值。但是,以生产资料形式存在的资本,在生产过程中被消耗,生产出新的产品,但不会发生量的变化,"寻尺之木,易径三寸之铜,价各百钱,其值相等,是为不生"。❶

劳动力能够创造价值,但劳动力却不能够拥有这种价值,这种价值仍然归资本家所有。因为,资本家拥有对生产资料的占有权,并通过这种对生产资料的占有权而购买劳动力,劳动力及其劳动力所创造的价值在一定时间内的使用权就属于资本家,"资本家之所以能攫取其财,则以凭借法制"。❷ 这里提到的所谓"法制",是指资本主义制度。资本主义制度的经济基础就是生产资料私人占有制。

《东方杂志》作者君实指出:"一切之富皆依劳动而生产者,故其一切之富皆为劳动者之所当受……为欲使此等之原理成立,故特加以生产之史的观察。在原始社会,人各造其自己生活所必需之物以供自己之使用,稍后乃以

---

❶ 欧阳溥存:《社会主义》,《东方杂志》1912年第8卷第12号。
❷ 欧阳溥存:《社会主义》,《东方杂志》1912年第8卷第12号。

其所造之物易他人所造之物以充自己之必要。然而今日之人则以劳动所造之物非为专供自己使用消费之物，而其劳动之时间亦不止造其自己生活必需之物之时间，彼等以劳动力出售，资本家不得不为自己生活必要时间以上之劳动而其所受劳动力之代价，工资仅足勉强维持自己之生活，即劳动者所造之生产多于所得之工资。易词言之，其劳动时间与工资时间之间有极大之相差，前者甚长而后者甚短，此工资未付时间之劳动所生之生产全为剩余，故马克思称之为剩余价值，谓超过劳动者生活必要之劳动时间外之劳动时间所生之价值，即富之成量也。此剩余价值在现代之产业界不属于劳动者而为资本家所夺。"❶在这里，作者较为完整准确地理解了马克思的剩余价值理论。

第二节 对"非马克思派"社会主义的认知

作为从古到今流行的社会主义学说而言，它从诞生之

---

❶ 君实：《社会主义之检讨》，《东方杂志》1919年第16卷第9号。

日起,就是人们为摆脱现实生活中的苦难而选择的一种情感表达方式,也是一种精神的寄托。由于人们所处的社会历史环境、知识文化水平以及阶级立场等的不同,对于社会主义的见解出现了不同的理解,由此形成了多姿多彩的社会主义观念和流派。对于"非马克思派"社会主义,即非科学社会主义的研究,近年来得到学界的高度重视,并已经取得了丰硕的成果。其中,比较全面的一部著作是徐觉哉的《社会主义流派史》。❶ 该著较为系统地总结了科学社会主义和非科学社会主义的 24 个流派,即空想社会主义、封建社会主义、基督教社会主义、工场社会主义、农民社会主义、无政府社会主义、真正的社会主义、国家社会主义、讲坛社会主义、费边社会主义、工团社会主义、议会社会主义、伦理社会主义、行会社会主义、整体社会主义、总体性社会主义、托派社会主义、民主社会主义、自治社会主义、职能社会主义、基金社会主义、欧洲共产主义、生态社会主义和市场社会主义。

以《东方杂志》为文本对社会主义展开的研究成果已

---

❶ 徐觉哉:《社会主义流派史》,上海:上海人民出版社 1999 年版。

经在研究综述中有所陈述,如鲁法芹的《〈东方杂志〉与社会主义思潮在中国的传播》。❶本节主要讨论其他著作、文章中较少涉及的几种社会主义观念。❷

一、国家社会主义

人类社会发展到18世纪末,放任主义盛行。政府的一切行为都被视为侵害个人自由。《东方杂志》作者刘大钧认为,这种政治革命之潮流传播于欧美二大陆的一个原因是英国经济学的鼻祖斯密提倡的经济放任学说,"凡生产、交易、分配、享用,皆听其自然,政府不宜稍加干涉。此说昌行数十年"。❸至19世纪末干涉主义说逐渐兴盛起来,"放任主义渐败"。政府的地位遂较前日益重要。国家社会主义认为,"须假手于政府,政府之责有三。一

---

❶ 鲁法芹:《〈东方杂志〉与社会主义思潮在中国的传播》,济南:山东大学2011年博士学位论文。

❷ 当时的思想界有这样一种观点,从经济学的角度来解释社会主义的流派就是马克思派的社会主义,即科学社会主义;从政治学的角度来解释社会主义的流派就是国家社会主义。参见摘《内外时报》:《晚近社会主义之派别与宗旨》,《东方杂志》1915年第12卷第4号。

❸ 刘大钧:《社会主义》,《东方杂志》1918年第15卷第11号。

是使生产不受富豪之操纵，而以供应社会正当需要为目的。何谓受富豪之操纵，今日生产之多寡，常随市价之涨落。富人之所求，其价常贵，贵则供之者多。富人之所弃，贫者虽求之急，而无力抬其价。价贱则供之者少，然社会之需要，可以数学级数代表之。政府应察社会之需要，以数理推求，定生产之多寡，而后贫富皆得所求。"❶政府要维护市场的供求平衡。二是政府要"尽母财之利。今日母财在私人之掌握，世代相传。有之者不皆知利用之道。故政府应监察之，或掌管之"。公共财产应该由政府来掌握，才能更好地发挥它们的作用。三是政府要掌握"资财之分配"。"所谓资财，乃每岁之所产。一曰岁殖，非母财也。今日工人之所得，虽曰依供求之定例，代表功力，而实则去此远甚。故政府为保护工人起见，应使母财尽归国有。不劳而获之进益，必尽蠲除，人人须尽力役，人人应受岁殖之一份。其所谓功力，但指筋力。若脑力则为造物者之无尽藏，取之无尽，用之不竭，不须报偿也。"❷国家社会主义者认为体力劳动和脑力劳动是不同

---

❶ 刘大钧：《社会主义》，《东方杂志》1918年第15卷第11号。
❷ 刘大钧：《社会主义》，《东方杂志》1918年第15卷第11号。

的，脑力劳动不需要获得补偿，这是和马克思主义的劳动价值论相悖的。

国家社会主义的代表人物是德国的拉萨尔。拉萨尔少时崇拜马克思的学说，1848年后潜心学问，研究哲学法律及文学。14年后复入政界，反对当时政府，设全德工团。其党纲只两条，一是选举权普及。"谓贫富贵贱皆得选举，不加限制。"❶ 二是"设生产团，要求政府助力"。❷ 拉萨尔认为，政府必须是良好的政府，"欲得政府之助力，必先有良政府"。❸ 从这个方面说，拉萨尔责难、攻击政府的真正目的是纠正政府的偏颇。他认为，"当时之资本家反对党，倡论政府天职，不过维持治安，保护财产，是直以政府为巡夜之警卒耳。设国人智均力敌，固无不可。无如贫富相悬，强弱迥异。自有史以来，人类竞争，未尝稍息。设无政府，贫弱者其何以堪。故为大多数之幸福计，政府干涉实不可少"。❹ 刘大钧认为，拉萨尔"其说大半抄袭马克斯，唯加入干涉主义，为特异耳。其人品殊卑，识

---

❶ 刘大钧：《社会主义》，《东方杂志》1918年第15卷第11号。
❷ 刘大钧：《社会主义》，《东方杂志》1918年第15卷第11号。
❸ 刘大钧：《社会主义》，《东方杂志》1918年第15卷第11号。
❹ 刘大钧：《社会主义》，《东方杂志》1918年第15卷第11号。

见虽透彻,而专务投世俗之所好,故备受国人之欢迎"。❶社会主义在德国的普及,拉萨尔作出很大的贡献。拉萨尔还提出政府应该如何发挥作用,"令工资增多,工人之幸福增进,即尽政府之职,其实行办法在赋税,在保险,在工厂律。赋税取于富以济贫,保险为工人而设,分疾病养老残伤夭折失业诸类。厂主工人与政府,各纳费若干,受其益者唯工人。工厂律制定工作时间,讲求工人卫生,诸如此类,皆受政府之监视"。❷毕士麦(俾斯麦——笔者注)采用其说,施于政治,受其益者 70 万人,此皆无财产之民。变乱无损于彼,而常冀侥幸于万一者也。❸

《东方杂志》作者欧阳溥存认为,国家社会主义是社会改良主义中的一派。其目的是"盖排斥极端的社会主义,而谓社会之现状仍当维持,不可从根本上悉加破坏。惟资本劳动两家之阶级日趋而悬远,则亦无以保持安宁。而恤贫之政,不可以勿讲。抑对于资本家之弊害,亦不可以不去其泰甚。且当除其垄断之机,杀其跋扈之势"。❹当

---

❶ 刘大钧:《社会主义》,《东方杂志》1918 年第 15 卷第 11 号。
❷ 刘大钧:《社会主义》,《东方杂志》1918 年第 15 卷第 11 号。
❸ 刘大钧:《社会主义》,《东方杂志》1918 年第 15 卷第 11 号。
❹ 欧阳溥存:《社会主义》,《东方杂志》1912 年第 8 卷第 12 号。

时德国的历史派经济学者，大多也是这个主张。国家社会主义者所坚持的理论，主要是采取比较折中的政策来实行，所以又称为社会政策。

欧阳溥存对国家社会主义和宗教派的社会主义进行比较。"尤有基督教的社会主义一流，则主张诉诸吾人之良心，诱之以灵魂之至乐，戒富者勿骄，贫者勿嫉，相爱相护，以平均其幸福。"❶作者认为，这种学说虽然说起来好听，但与科学社会主义者的观点是相悖的，"说信美矣，非经济学者之所志也"。❷《东方杂志》作者刘大钧也有类似的论述，"耶稣文字，原多论经济及社会问题，然至十九世纪中叶，始有一定之经济学说，本意排斥社会主义。乃教徒间或持论激烈，过于工党。派中持说，极不一致，唯对于英国放任派经济学说皆极反对。听个人独行其是，谓遂能臻至治之世。未免与教主救世之说不相容。反是（指社会主义）而谓改良社会。则个人自无罪恶。又与祈祷忏悔之说相反。父之于子，主之于仆（厂主谓之主、工人实无异于仆）。其统驭权不可废。家族为社会之基础，

---

❶ 欧阳溥存：《社会主义》：《东方杂志》1912年第8卷第12号。
❷ 欧阳溥存：《社会主义》：《东方杂志》1912年第8卷第12号。

其他团体皆属人为。故救世之道在齐家，在明教，如是而已。"❶ 此宗教派中的观点也不一致。派中又分二支，罗马派和新教派。罗马派主要在德、法、奥、比等国家，新教派主要在英、美、法、德、瑞士等国家。在法国的被视为急进派，在德国的被视为渐进派。例如，英国的制度会、兄弟会、耶教社会团，美国的社会服务团，法国的西龙会，罗马的教工团，德国的耶教社会工团，都是这个宗教派所立的团体。❷

二、无政府社会主义

《东方杂志》作者刘大钧认为，无政府主义是与社会主义相反的一个派别。"然其攻击今日之社会则同，常人即一例视之。"❸ 则论及社会主义，自不能缺此一派。其端发于德人斯替尔勒，后变为一种政党。因复采法人普鲁同（蒲鲁东——笔者注）之说，融为一炉。无政府主义在俄国最为兴盛，"巴库宁（巴枯宁——笔者注）（俄贵族）、

---

❶ 刘大钧：《社会主义》，《东方杂志》1918年第15卷第11号。
❷ 刘大钧：《社会主义》，《东方杂志》1918年第15卷第11号。
❸ 刘大钧：《社会主义》，《东方杂志》1918年第15卷第11号。

苦鲁白特金（俄王子）为之魁首，传至法而有勒克虑及革那克，巴库宁为普鲁同弟子。"我为人类一分子，必人人皆自由，然后我方获自由。个人之幸福，不异于社会之幸福。人无社会，何从受教育。无教之人，为情欲之奴隶，何能自由。故社会必不可无，而政府必不可有。社会为群居天然之结果，政府为愚人自缚之绳索。政府夺我应享之财用，毁我善良之天性，凡人一得政治或经济上之利权，则其聪明道德。皆不足观。罪恶之原三，曰不平等、愚暗、奴隶。而愚暗奴隶，皆政治经济不平等之结局。故政府予人以利权，使之不平等，实为万恶之所归。"❶政府制定法律，或以保个人，或以保政府，或以保财产，然三者可并为一类。个人须保障，以有财产故。如果没有财产，毋忧侵犯，何必保障。故政府当废，法律亦当废。盟约为专制之媒介，使人不能自由改变。

无政府主义者对家庭问题也有自己的见解，把对于国家的认识等同于家庭。"吾昨日愚，岂终身必因之而愚。婚约为盟约之一种，亦在当废之列。吾当博爱同类，不可

---

❶ 刘大钧：《社会主义》，《东方杂志》1918年第15卷第11号。

第二章 《东方杂志》作者群对社会主义学说的认知

为室家所束缚。"❶ 等到政府法律私产盟约宗教尽已废除，而后社会乃复其自然。是时舆论之力，足代法律而有余。人人必供力役，就其性之所好，则操作无所苦。人人皆操作，则物产丰富。分配问题，自易解决。货财之充盈者，任人取携。其不足者，按口平分，老弱妇孺居前。强有力者居后，而天下至治。求臻此至治之域，革命流血兵刃酖毒，无不可用。破坏一切牢笼，反我本来面目，而天下治矣。❷

《东方杂志》作者欧阳溥存对社会主义、共产主义和无政府主义进行了比较。"社会主义者，非共产主义，尤非无政府主义。此言社会主义者之所要知也。然世多误而混之，不可以无辨。衣食共有之，儿童共教育之，翁媪共扶养之，生产固共同矣，享受亦共同。政府如家父，万民如众子。举社会化为一大家族，举社会经济化为一家事经济。"❸ 而最初的社会主义并不是这样，"社会主义者，从经济上起义，而欲破除贫富之阶级。无政府主义者，虽亦发愤于资本家之专横。顾其志不仅于破除贫富，尤欲并

---

❶ 刘大钧：《社会主义》，《东方杂志》1918 年第 15 卷第 11 号。
❷ 刘大钧：《社会主义》，《东方杂志》1918 年第 15 卷第 11 号。
❸ 欧阳溥存：《社会主义》，《东方杂志》1912 年第 8 卷第 12 号。

废官民之区别。故去政府、去国家、去法律、去宗教。人人各如其意、放任自由。其得而宰制我者,惟有我之理性、我之感情。自我而外,无得更有一物羁束也。苟能化成一如此之社会,则吾人乃能真乐。如是。其与社会主义之不同,画然明矣。"❶ 所以,欧阳溥存认为:"社会主义者,国家万能主义。无政府主义者,个人万能主义。社会主义者,干涉主义。无政府主义者,自然放任主义。推而论之,则社会主义之精神,近于专制者也。无政府主义之精神,主于自由者也。社会主义为个人主义之敌,无政府主义为个人主义之友。社会主义者之图谋,为经济上之革命。无政府主义者之图谋,为政治上之革命。夫如是,人犹有以无政府主义与社会主义为一事者,或以为其支流者,非不材之所敢闻矣。"❷

三、法学的社会主义

1948年2月,马克思、恩格斯《共产党宣言》的发

---

❶ 欧阳溥存:《社会主义》,《东方杂志》1912年第8卷第12号。
❷ 欧阳溥存:《社会主义》,《东方杂志》1912年第8卷第12号。

第二章 《东方杂志》作者群对社会主义学说的认知

表,标志着科学社会主义的诞生。马克思主义的科学社会主义以唯物史观作指导,从经济的根源上揭示了人类社会发展的客观规律。《东方杂志》作者三无❶认为,社会思想文化的演进,是一场生生不息的运动。"从自然主义而生新浪漫主义,现代之文艺然也;从实证主义而生新观念主义,现代之哲学然也;从唯物主义而生新理想主义,现代之社会主义然也。"❷如果从经济角度解释社会的发展具有片面性,"十九世纪后半期,社会主义学者仅以经济学为根据,否则不得为社会主义之主张。不知世界文化,盈虚递嬗,推演迁移。社会主义之思潮,既于十九世纪之末,呈一大变动"。❸社会主义思潮变动的情况,可以从两个方面观察:(1)消极的方面。为马克思主义之瓦解,亦称社会主义之危机。(2)积极的方面。对唯物史观说产生不满,而注重理想、观念的力量,推行这种学说采取合法的

---

❶ 《东方杂志》作者"三无"的真实姓名已经无法考察,但是他的社会主义观念别出心裁,对当今社会主义的法律建设也有可资借鉴之处,故列为本节的一部分。

❷ 三无:《法学的社会主义论》,《东方杂志》1920年第17卷第5号。

❸ 三无:《法学的社会主义论》,《东方杂志》1920年第17卷第5号。

手段。这种学说即为法学的社会主义。

（一）社会主义"以法律学为其立论之根据"❶

法学社会主义的主旨，是修正或改造马克思派唯物史观说的谬误。《东方杂志》作者三无认为，"欲明法学的社会主义之真相，当先着眼于现代思想界之一般变动。从自然主义、实证主义、唯物主义易而为新浪漫主义、新观念主义、新理想主义是也。而为法学的社会主义之基础者，则为正义之观念或理想。"❷ 所谓正义是指法之理想。"法者，所以使正义安全实现者也。故法学的社会主义，即以此为达其目的之手段。而置重于法之作用。对于法律，绝对信赖。由新研究探讨法律之真相，而充分承认其效力。"❸ 三无认为，"经济学固为社会主义之理论的及实际的基础，然非全体而为部分。盖社会主义云者，不仅为苦于冻馁之人谋衣食，所以图社会全体之秩序和平正义自

---

❶ 三无：《法学的社会主义论》，《东方杂志》1920年第17卷第5号。
❷ 三无：《法学的社会主义论》，《东方杂志》1920年第17卷第5号。
❸ 三无：《法学的社会主义论》，《东方杂志》1920年第17卷第5号。

由，故不得只以经济的为满足，更当普遍于他之机官，即社会之脑髓及心情之进化。质言之，即法律是也"。且此所谓法律者，不仅用法律上之言辞运法律上之范式已也，更进而想像新法的制度。❶ 作者紧接着对法学的社会主义与马克思社会主义进行了比较，有两点区别：（1）思想基础不同。"其欲资本主义的社会化成社会主义的社会……惟马克思社会主义为唯物主义，而法学的社会主义置重观念之势力，为理想主义。"（2）手段不同。马克思社会主义是不合法的，而法学的社会主义尊重法律之力，是"改良的合法的"。❷ 为明确法学社会主义的精义，把法学社会主义观念中的"关键词"列举如下（见表2-3）。

表 2-3　法学社会主义观念中的"关键词"一览表

关键词	意义分析	典型例句
理想主义、正义之观念	法的理想就是指法律，是使正义得以实现的手段	法学的社会主义之基础者，则为正义之观念或理想
社会主义的国家之观念	指出正义是社会主义国家建设的目的	社会主义的国家之建设，即为正义之完全实现

---

❶ 三无：《法学的社会主义论》，《东方杂志》1920年第17卷第5号。
❷ 三无：《法学的社会主义论》，《东方杂志》1920年第17卷第5号。

续表

关键词	意义分析	典型例句
根本的经济权利之观念	人类生存所获得满足其欲望的必要权利	根本的经济权利之观念包括生存权、劳动权、劳动全收权
对于权利的权利运用之观念	把经济问题转化或还原为法律问题来解决	对于权利的权利之运用,是法学的社会主义特有之手段

(二)正义与法律:法学社会主义的目的与达到社会正义的手段

《东方杂志》作者三无指出,从人类思想的发展演化来看,从自然主义发展到新浪漫主义,促使了现代文艺的产生;从实证主义发展到新观念主义,促使了现代哲学的产生;从唯物主义发展到新理想主义,促使了现代社会主义的产生,即法学的社会主义。法学社会主义者追求的目标是正义,人们"不仅为苦于冻馁之人谋衣食,所以图社会全体之秩序、和平、正义、自由"。[1]法学社会主义者认为,以经济学为基础的社会主义"只以经济的为满足",

---

[1] 三无:《法学的社会主义论》,《东方杂志》1920年第17卷第5号。

第二章 《东方杂志》作者群对社会主义学说的认知

目光短浅,而不是社会主义追求的最终目的。人们生活的目的"更当普遍于他之机官",即追求"社会之脑髓及心情之进化"。❶ 从这个意义上说,法学的社会主义接近于伦理的社会主义。康德认为,自然进化的目的是达到一种"至善"的境界。"至善"是人的道德逐步进化的最终目的,也是人们的一种义务和责任。康德指出:"我们是验前被理性确定了要尽力之所及来促进这个至善的。这种至善是在世界上有理性的存在者的最大福祉与他们的善良的最高条件的结合上,即在大众幸福与最严格的道德的结合上。"❷ 伦理社会主义者认为,社会主义的最终目的就是要达到一种理想的道德境界。

如何才能达到正义的境界呢?《东方杂志》作者三无认为,通过法律的手段"使正义安全实现……故法学的社会主义,即以此为达其目的之手段,而置重于法之作用。对于法律,绝对信赖"。❸ 为了运用法律达到追求正义的目

---

❶ 三无:《法学的社会主义论》,《东方杂志》1920年第17卷第5号。

❷ [德]康德:《判断力批判》,宗白华译,北京:商务印书馆1987年版,第123页。

❸ 三无:《法学的社会主义论》,《东方杂志》1920年第17卷第5号。

的，不仅要"以现行法为其出发点"，"充分承认其效力"，"用法律上之言辞运法律上之范式"，而且还要尽最大的力量去"研究探讨法律之真相"，"更进而想像新法的制度"，由此出发便可以达到目的。"以法学的社会主义与马克思社会主义相比较，其欲资本主义的社会化成社会主义的社会，目的相同。"但二者的区别表现在两个方面。一方面，二者的性质不同。"马克思社会主义，为唯物主义。"而法学的社会主义"置重观念之势力，为理想主义"。❶ 另一方面，二者达到社会主义的手段不同。"法学的社会主义，非革命的不合法的，而为改良的合法的也。"言外之意，《东方杂志》作者三无是说马克思的社会主义是通过不合法的革命的手段达到目的。

（三）法学社会主义的主要内容

《东方杂志》作者三无指出，法学社会主义的主要内容，"若与他之社会主义相较而特可视为法学的社会主义之特质者，厥有二种：（甲）根本的经济权利；（乙）对于

---

❶ 三无：《法学的社会主义论》，《东方杂志》1920年第17卷第5号。

权利的权利之运用"。并认为,"此二者实法学的社会主义之基础观念"。❶

（1）根本的经济权利包括生存权、劳动权、劳动全收权。①生存权。生存权是指"人类生存社会内所获得满足其欲望之必要权利也",❷是社会各组织成员为了维护自己的生存,在一定的范围内以必要不可缺少的财货及勤劳,请求其他社会组织的成员,来满足他的要求。②劳动权。劳动权是指"有劳动能力之人,不能依劳动契约而获得职业时,得对于国家或公共团体,请求给与职业而受一定赁银之权利"。❸在应劳动者的请求而给与职业或劳动时,还要按照他们的技术、性格和爱好等来安排。③劳动全收权。劳动全收权是指"劳动者以其劳动收获或生产物之全额归自己所得之权利"。❹他们主张劳动所得应该归劳动者

---

❶ 三无：《法学的社会主义论》,《东方杂志》1920年第17卷第5号。

❷ 三无：《法学的社会主义论》,《东方杂志》1920年第17卷第5号。

❸ 三无：《法学的社会主义论》,《东方杂志》1920年第17卷第5号。

❹ 三无：《法学的社会主义论》,《东方杂志》1920年第17卷第5号。

所有。不劳而获，坐享其成，属于违反正义。

（2）对于权利的权利之运用是法学的社会主义特有手段，表现在两个方面：①"表现于经济的形态或经济的领域之诸问题，还原于法律的范式，以法律的术语表现之"，也称为"法的还原法"。❶ 此意是说，如果是经济领域的问题需要通过法律的手段来解决。②"因准备新社会主义法律之制定"。❷ 这句话意思是可以用社会主义的意义来解释现行法律，把社会主义的精神灌输到现行法律之中，来改造资产阶级的法律，"使浸淫渐渍，孕育社会主义之胚胎，而助之生长。此实为浸润策略"。❸ 相对于法的还原法，社会主义的浸润法尤为重要。在现行的所谓资产阶级法律之内，发现社会主义的胚胎并助其生长，将使资产阶级法律逐步形成社会主义的法律。《东方杂志》作者三无指出，法学的社会主义以法律明文规定来谋求调剂社会上的贫富差距，"实属紧要之图"，"颇含有革命的性质

---

❶ 三无：《法学的社会主义论》，《东方杂志》1920年第17卷第5号。

❷ 三无：《法学的社会主义论》，《东方杂志》1920年第17卷第5号。

❸ 三无：《法学的社会主义论》，《东方杂志》1920年第17卷第5号。

意味"。❶但是，如果以马克思的唯物史观来分析，法学的社会主义实质上是一种改良的社会主义，试图通过法律的途径来缓解劳资矛盾，达到促进社会进步的目的。无疑，他们的这种想法是一种空想。

四、社会学的社会主义

自19世纪30年代孔德在《实证哲学教程》中提出"社会学"这一概念以来，社会学这一新兴学科得到了快速的发展。随着西学东渐，社会学也逐渐被介绍到中国来。《东方杂志》对这一学科的基本状况进行了介绍，如《社会学与社会主义之关系》❷《德奥社会学之派别与其特质》❸《美国社会学现状及其趋势》❹等。尤其值得注意的一

---

❶ 三无：《法学的社会主义论》，《东方杂志》1920年第17卷第5号。

❷ 录《内外时报》：《社会学与社会主义之关系》，《东方杂志》1911年第8卷第12号。

❸ 俞颂华：《德奥社会学之派别与其特质》，《东方杂志》1924年第21卷第1号。

❹ 孙本文：《美国社会学现状及其趋势》，《东方杂志》1926年第23卷第12号。

个现象是，在社会主义思潮逐步在中国发展之际，有学者主张从社会学的角度来理解社会主义，从而出现了一个新的社会主义流派——"社会学的社会主义"。

（一）"本社会学以研究社会主义"❶为目的

《东方杂志》作者认为，自从社会学产生以来，得到了广大学者的关注和研究兴趣，"自社会学成立以来，世界学者得一绝新之纪念。视生理学、心理学之发明，固又远过之者也。于是一般学者，凡欲研求人类治术者，无不以社会学为依归"。❷如果有人忽视社会学的作用，就相当于没有遵循社会发展的基本规则。"背夫社会学之原则者，几如物理学之差违定理"。❸无论是经济学者，还是主张社会主义的学者，都应该从社会学的视角来思考问题。"经济学者，亦恍然于是。向之以个人为单位者，今悉以社会为前提。主张社会主义之流，亦思应用社会学之定义，良

---

❶ 录《内外时报》：《社会学与社会主义之关系》，《东方杂志》1911年第8卷第12号。

❷ 录《内外时报》：《社会学与社会主义之关系》，《东方杂志》1911年第8卷第12号。

❸ 录《内外时报》：《社会学与社会主义之关系》，《东方杂志》1911年第8卷第12号。

以社会事象，至为繁赜，非灼知其真理，无从施补救之方。"❶

作者认为，20世纪初期，社会主义学说逐渐从日本传入中国，社会主义是调节贫富差距的一种"策术"。"吾国近岁以来，始有社会主义名词之输入，虽知其根原者寥寥，要能辨其为调剂贫富之策术。"❷在社会学没有得到"昌明"之时，社会主义学说虽然流派纷呈，"其属于经济之范围则一"。❸意指从经济学的角度来解释什么是社会主义。为什么需要从社会学的角度来解释社会主义？作者认为："社会主义者，多驰于抽象之空想，不问对于社会之影响如何，惟以拥护一己之主张为神圣。其补救社会之方，又皆拘牵皮毛。高明者流，知其说之难以实现，发愤社会罪恶之难回，遂以破坏为快心之举。"❹作者认为，主

---

❶ 录《内外时报》：《社会学与社会主义之关系》，《东方杂志》1911年第8卷第12号。
❷ 录《内外时报》：《社会学与社会主义之关系》，《东方杂志》1911年第8卷第12号。
❸ 录《内外时报》：《社会学与社会主义之关系》，《东方杂志》1911年第8卷第12号。
❹ 录《内外时报》：《社会学与社会主义之关系》，《东方杂志》1911年第8卷第12号。

张无政府主义的人,"即是此意"。无政府主义者能够了解社会的弊端,但找不到破除社会弊端的措施,只好以破坏社会为能事,"彼等深明社会罪恶之故,而苦无救之之方。又深知社会主义诸支流,皆不足以救此。故以绝对之破坏为良法,迫而出此"。❶ 无政府主义者不能够解决社会问题的根源在于他们"不深察社会变迁之真相,昧社会之心理,而欲为冀幸之图"。❷ 所以,要真正解决社会问题,必须以社会学的原则为指导,"皆宜以社会学为原则也。遂亦本社会学之定理,以求救济社会之良方"。❸

(二)社会学社会主义的功能

从美国、德国等西方国家来看,社会学在发展的过程中出现了很多流派,《东方杂志》作者在《美国社会学现状及其趋势》《德奥社会学之派别与其特质》等文章中进行了总结,如经验派、哲学派、有机派、比较民俗派、心

---

❶ 录《内外时报》:《社会学与社会主义之关系》,《东方杂志》1911年第8卷第12号。
❷ 录《内外时报》:《社会学与社会主义之关系》,《东方杂志》1911年第8卷第12号。
❸ 录《内外时报》:《社会学与社会主义之关系》,《东方杂志》1911年第8卷第12号。

理学派、系统派等,但本书论述的重点不在于这些社会学的各种流派以及他们的观点,而是分析《东方杂志》作者是如何借鉴有关社会学的理论观察社会问题、解决社会问题的。在这个方面的代表性人物是《东方杂志》的主编杜亚泉。

1. 社会有机体学说

杜亚泉认为:"人类为一种生物,其生活的一部分,和其他生物相同。所以研究人类的生活,不能不以生物的生活为起点。"❶ 在研究生物时,尤其要研究动物,"人类的身体,和高等动物相类似处很多,即和其他生物,亦有通共类似之点"。❷ 所以,杜亚泉详细地研究了生物细胞的构成及其功能。生物体内各细胞的互相联合,构成机官。而"生物体内的各机官,各具有机能,营种种作用,以维持其个体的生命"。❸ 在生物体维持自身发展的同时,也会与其他生物相交流,并会出现生存竞争的现象,在竞争中

---

❶ 杜亚泉:《人生哲学》,北京:北京大学出版社2009年版,第15页。
❷ 杜亚泉:《人生哲学》,北京:北京大学出版社2009年版,第15页。
❸ 杜亚泉:《人生哲学》,北京:北京大学出版社2009年版,第18页。

逐步进化发展。❶很显然，杜亚泉接受了达尔文的进化学说，以此来说明生物界的自然演化过程。

在自然有机体思想的基础上，杜亚泉又阐述了他的社会有机体思想："以社会为有机体，可用生物学的法则研究。因社会为个人的集合，有机体为细胞的集合，均为集合体；社会的成长（自内部增大）、发达（机关的分化）、新陈代谢、环境适应等，均与生物类似。"❷社会的机能有对人的统制机能，对经济、文化的机能等。由此，社会构成一个大的有机系统。

2.社会问题与社会主义❸

社会有机体在自然演化的过程中会出现这样或那样的问题。"何谓社会问题，乃社会进化的过程中所现重大的事象，有不合于吾人理性的，吾人由理性上要求其合理化；因而发生如何使其合理的问题，以考求其解答的方

---

❶ 参见杜亚泉：《人生哲学》，北京：北京大学出版社2009年版，第19-42页。

❷ 杜亚泉：《人生哲学》，北京：北京大学出版社2009年版，第97页。

❸ 本标题是杜亚泉在《人生哲学》一书中使用的一个标题，在这里仍然沿用他的说法。参见杜亚泉：《人生哲学》，北京：北京大学出版社2009年版，第125页。

法。"❶ 杜亚泉认为最主要的问题是人口问题,"盖人口的增殖,若超过食粮以上,则人类的一部分,必致失其生活,此事象即大不合于吾人理性的。他如妇女问题、军备问题、人种问题等,皆属现代的社会问题。"❷ 但经济学上的问题主要指劳动问题。在经济生活中的生产,以土地、资本、劳力三者为要素。随着人口增加,生活竞争剧烈,在世袭的私有制的基础上便产生了各种阶级:特权阶级、资产阶级、中产阶级、无产阶级等。现代社会内,因为经济上的关系,发生各种阶级,就酿成种种弊端,如生活资料的浪费、犯罪的增加、商品生产过剩、资本集中、劳动者的贫困以及经济的侵略和战争等问题。

对于出现的这些问题,杜亚泉认为解决的办法主要有三种:个人主义、社会主义和社会改良主义。个人主义主要指实行亚当·斯密自由放任的经济政策。他在这里论述的社会主义主要阐述空想社会主义一直到马克思的科学社会主义,对于马克思的《资本论》比较推崇。对社会改良

---

❶ 杜亚泉:《人生哲学》,北京:北京大学出版社2009年版,第97页。

❷ 杜亚泉:《人生哲学》,北京:北京大学出版社2009年版,第125页。

主义的见解主要包括法国的工团主义、英国的基尔特社会主义等。但杜亚泉更倾向于用一种渐进的方式来逐步解决这些问题。这种思想也是基于他文化观上的调和论。

总之,无论是法学的社会主义,还是社会学的社会主义,他们的目的都是解决现实社会中存在的各类问题,但他们反对马克思派社会主义主张的阶级斗争学说,反对暴力革命,试图用改良的办法来解决矛盾、化解纠纷。

第三章 《东方杂志》作者群对社会主义运动的情感

　　情感是人们对外界的客观事物是否满足自己的需要而产生的一种内心体验和感受。一般而言，如果外界的客观事物能够满足人们的某种需要，就会使人们的内心产生一种高兴、喜爱的情感；与此相反，如果外界的客观事物不能够满足人们的某种需要，就会使人们的内心产生一种郁闷、厌恶的情感。

　　《东方杂志》作者对各国的劳工运动和俄国十月革命

表现出了极大的关注和同情，给予及时的报道、观察和思考。俄国十月革命是20世纪社会主义运动中最为重大的事件，对周围国家政治的发展以及世界局势都产生了重大的影响。正是在十月革命的影响之下，广大的被压迫民族逐步觉醒。本章主要分析《东方杂志》作者对俄国十月革命和世界劳工运动的情感观念。

第一节　对俄国十月革命的情感

1917年发生的俄国十月革命，是20世纪最重大的历史事件之一。这场革命成为扭转俄国社会发展方向的枢纽，也极大地影响了世界发展的历史进程。

一、对俄国十月革命的关注与评价

俄国十月革命爆发后，《东方杂志》相继刊登谢婴白的《俄法革命异同论》❶、君实的《俄国社会主义运动之变迁》❷、化鲁的《我们的两条路》❸、冯仲足的《苏联诞生二十年》❹等文章，对革命进行介绍和评论。

（一）俄国十月革命发生的原因

俄国十月革命的发生是多种社会因素综合作用的产物。既有国内的因素，也有国外的因素；既有长期的因素，也有近期的因素。

1. 社会矛盾的激化是俄国十月革命发生的国内因素

俄国十月革命发生之前，社会发展的迟缓和落后一直影响着俄国的发展进程。1861年，亚历山大二世实行农奴制改革，旨在缓和地主阶级和农民阶级的矛盾，推动经济社会发展。《东方杂志》作者谢婴白对1861年俄国的农奴制改革进行了分析。

---

❶ 谢婴白：《俄法革命异同论》，《东方杂志》1918年第15卷第8号。
❷ 君实：《俄国社会主义运动之变迁》，《东方杂志》1918年第15卷第4号。
❸ 化鲁：《我们的两条路》，《东方杂志》1923年第20卷第22号。
❹ 冯仲足：《苏联诞生二十年》，《东方杂志》1937年第34卷第18号。

> 1861年虽有亚历山大二世解放了农奴，使他们的状况有所改善，但所获土地很少。他们依然被束缚在土地上而得不到真正的自由。俄国的贵族久握实权，吞并土地而农民则为附属于土地上的农奴。所以上下悬隔每趋愈甚，其间又无何等融接之机关以缓和之，最终造成贵族农民之恶感遂日酿月炽矣。❶

实际上，农民的解放是有条件的，虽然在改革的相关制度上规定他们摆脱了对地主的人身依附关系，但是"依然被束缚在土地上而得不到真正的自由"，地主阶级和农民阶级之间的矛盾并没有通过改革得到根本解决。

2．第一次世界大战的发生是俄国十月革命发生的国外因素

1914年，第一次世界大战爆发。这是帝国主义国家之间重新分割世界、争夺势力范围的战争。参加这次战争的是两个帝国主义集团——同盟国（主要是德国和奥

---

❶ 谢婴白：《俄法革命异同论》，《东方杂志》1918年第15卷第8号。

第三章 《东方杂志》作者群对社会主义运动的情感

匈帝国)和协约国(主要是英国、法国和俄国)。俄国经济落后,受西方牵制,但也野心勃勃,企图扩大俄国的疆土。1914年7月30日,尼古拉二世批准了俄国总动员令。然而,战争对于俄国来说是灾难性的。一是军需供应严重不足。在全面动员后,俄国军队士兵人数很快达到650万人,但只有460万支步枪。战地医院、床位、药品、粮食等严重不足。二是战争对于俄国经济产生了破坏性的影响,经济发展陷于停顿甚至崩溃,给俄国人民带来了巨大的牺牲和苦难。俄国的原料、燃料等既不能满足前线的需要,也不能保证后方的供给。谢婴白指出,第一次世界大战的发生使俄国"遂生经济上窘迫","遂惹起军民饥馑","俄国在日俄战争中惨败,后在欧洲大战中尤受到的损失更惨引起人民的不满"。❶作者的分析切中了沙皇俄国政府的种种弊端,沙俄旧政权已经走到了尽头。

---

❶ 谢婴白:《俄法革命异同论》,《东方杂志》1918年第15卷第8号。

（二）俄国十月革命对中国的影响

1. 促使中国人民找到了正确的革命道路

俄国十月革命发生时以及以后很长一段时间内，中国先进的知识分子以各种不同的方式对其进行评价、纪念。《东方杂志》作者冯仲足在纪念社会主义苏联诞生20周年时，对俄国十月革命进行了热情讴歌和高度赞扬，他指出："她又成了世界侵略狂潮中的和平柱石，她也是一切弱小民族解放运动的明灯。"❶

李大钊是在中国宣扬马克思主义的第一人。他在《言治》杂志上发表了《法俄革命之比较观》一文，高度评价了十月革命胜利的意义。

> 吾人对于俄罗斯今日之事变，惟有翘首以迎其世界的新文明之曙光，倾耳以迎其建于自由、人道上之新俄罗斯之消息，而求所以适应世界的新潮流，勿徒以其目前一时之乱象遂遽

---

❶ 冯仲足：《苏联诞生二十年》，《东方杂志》1937年第34卷第18号。

第三章 《东方杂志》作者群对社会主义运动的情感

为之抱悲观也。❶

自从1840年鸦片战争以来，面对西方列强的侵略和压迫，无论是掌握着政权的上层统治阶级，还是下层普通民众，都在积极地探索中国的出路。对中国出路的探索历程可以从以下几个方面进行分析。

其一，以林则徐、魏源为代表的地主阶级改革派对中国出路的探索。早在鸦片战争前，林则徐就提出要对西方列强有所防备。1840年鸦片战争后，林则徐率领官兵更是积极备战，训练兵丁，修筑炮台，加强海防。魏源在《海国图志》中提出"师夷长技以制夷"的主张，对当时及以后清政府对西方列强的政策产生了很大的影响。

其二，以洪秀全为代表的农民阶级革命派对中国出路的探索。19世纪中叶，外国资本主义的入侵激化了中国社会各种矛盾。1851年，洪秀全率领拜上帝会的会众在广西金田村发动起义。太平天国农民起义坚持了14年之久，革命势力先后扩展到18个省，建立了与封建政权相

---

❶ 李大钊：《法俄革命之比较观》，《李大钊文集》（上册），北京：人民出版社1984年版，第575页。

对峙的革命政权——太平天国。太平天国农民起义强烈地撼动了清政府的统治根基，有力地打击了外国侵略势力。但由于农民自身小生产者的历史局限性，太平天国农民起义最终失败。

其三，奕䜣、曾国藩等为首的地主阶级洋务派对中国出路的探索。19世纪60—90年代，为了挽救清王朝的危机，同时也是为了加强海防、边防，抵御外国侵略，封建统治阶级中的部分成员如奕䜣、曾国藩等为首的洋务派，兴办民营企业和军事工业。洋务运动虽然客观上促进了中国民族资本主义的发展，但由于统治集团内部顽固势力的极端保守等自身的局限性，最终以失败而告结束。

其四，以康有为、梁启超、谭嗣同、严复等为代表的资产阶级维新派对中国出路的探索。1904—1905年甲午中日战争后，中国面临着空前的民族危机，亡国灭种的威胁迫使中国人去探索新的救国方案。康有为、梁启超、谭嗣同、严复等人力推变法，锐意图强。维新运动反映了爱国救亡的时代要求，开启了中国人民的思想启蒙，但由于维新派资产阶级自身的局限性和以慈禧太后为首的强大守旧势力的反对，戊戌维新运动最终失败。

其五，以孙中山为代表的资产阶级革命派对中国出路的探索。20世纪初，西方帝国主义列强对中国的侵略日益加深，导致中国的民族危机愈益严重，而国内封建势力对农民的压迫有增无减，促使社会矛盾日益激化。孙中山、黄兴等人顺应时代的潮流，反映民众的呼声，组织政党，发动起义，掀起了一场轰轰烈烈的、旨在推翻腐朽的清王朝的革命运动，并建立了资产阶级性质的革命政权——中华民国。但由于领导这场革命的资产阶级革命派自身的软弱性等因素，革命政权最终被代表封建势力的袁世凯篡夺，标志着辛亥革命的失败。

正当中国人民苦苦探索中国的出路时，1917年俄国十月革命给中国送来了马克思列宁主义，使中国反帝反封建的民主革命成为世界无产阶级社会革命的一部分，走上了正确的革命道路。

当然，在对中国出路的探索过程中，近代的知识分子也有很多的思考。《东方杂志》作者化鲁认为，中国的革命形式不必采用俄国武力革命的方式，而取印度非暴力不合作运动的方式。

我们觉得印度政治运动的情形实在是我国政治运动的影子。印度的政治运动，显然分成二派：一派主张采用俄国式爱尔兰式的武力革命行动；一派却主张非暴力主义与不合作主义。但是，这两条路那一条对呢？这个重要的问题不但在印度甘地派与非甘地派之间有着矛盾，而且也引起了欧洲思想界的剧烈争辩。从我国情况来看，大多数知识阶级对于政治运动还没有一定的方针。一部分的热血青年，对于政治运动，是主张走俄国、法国所已走过的老路的：就是用武力革命的手段，夺取政权，采行一阶级的独裁政治，使中国自主的走上改造的道途。❶

化鲁认为，既然俄国革命取得了成功，那么，中国走俄国革命道路进而推进政治改造不失为一条捷径。但是，俄国革命的道路是否"合于国情"需要进行认真、慎重的考虑；同时，如果中国走俄国革命的道路，是否"会生出

---

❶ 化鲁：《我们的两条路》，《东方杂志》1923年第20卷第22号。

别种恶果"也是非常令人担心的,也需要进行认真、慎重的考虑。他指出:"无论如何,除了这条别人走熟了的路以外,我们眼前却确实另有一条路可走:这就是印度甘地派所主张的东方人传统的政治运动方法。"❶为什么可以采取这种革命方式呢?化鲁认为:"大概从历史上、民族性上看来,中国人对于恶政治往往取一种消极抵抗的手段。中国人在乱世是主张耿介自守,保持人格,不与恶政治为缘。这种态度在旧时,就是坚瓠君(《东方杂志》的另一位作者——笔者注)所申说过的'士气',在现在也就可以说是印度大哲甘地所倡导的不合作主义。"❷印度甘地倡导的不合作主义的精神在于把持真理、尊重人格,同邪恶势力进行斗争。化鲁指出,这种人格精神"恰与我国传统的士流阶级的消极反抗精神有同样意义。不过甘地主义曾加上印度宗教的粉饰,而我们的传统精神却还未经过具体的倡导罢了"。❸但化鲁在文章的末尾又申明了自己的主张:"我并不是反对武力革命的。"❹

---

❶ 化鲁:《我们的两条路》,《东方杂志》1923年第20卷第22号。
❷ 化鲁:《我们的两条路》,《东方杂志》1923年第20卷第22号。
❸ 化鲁:《我们的两条路》,《东方杂志》1923年第20卷第22号。
❹ 化鲁:《我们的两条路》,《东方杂志》1923年第20卷第22号。

总之，俄国十月革命是人类社会发展史上最伟大的革命，标志着无产阶级走上了历史的前台，为包括中国在内的世界上被压迫民族的革命斗争指明了前进的方向。

2. 俄国十月革命对中国抗日战争的影响

《东方杂志》作者冯仲足指出了俄国十月革命对中国抗日战争的影响。他认为，面临"强敌蹂躏下的我们中国"这种社会现实，必须"深切记取苏联伟大的历史经验的启示，从坚苦抗战中去争求我们的独立、解放和自由"。[1] 中国要吸取俄国十月革命胜利的成功经验以及伟大的革命斗争精神，不怕牺牲，坚持斗争到底，争取中华民族的解放、独立和自由。

在第二次世界大战时期，日本确立了攻占苏联远东地区的"北进政策"，妄图将其并入"大东亚新秩序"的范围。日本的"北进政策"筹划了陆主海从的进攻策略，即依靠陆军对苏联作战，而海军作为辅助部队。但是，自中日战争全面爆发后，中国开辟了广大的抗日战场，把大量的日本陆军主力部队牵制在中国战场，直接导致日本进攻

---

[1] 冯仲足：《苏联诞生二十年》，《东方杂志》1937年第34卷第18号。

苏联战略的破产，使苏联避免了同时对德国和日本进行东西两线作战的困境，有力地支援了苏联的卫国战争。在共同的对日作战中，中苏两国人民结下了深厚的友谊。同时，如果中国的抗战参考苏联过去革命的经验，就会增加我们抗战胜利的信心，并最终取得最后的胜利。《东方杂志》作者冯仲足认为："二十年前（1917年——笔者注）苏联的内外形势，不是要比我们现在还恶劣多少倍？我们的敌人只有一个，当时苏联不是还得应付更多更强的敌人？"❶

在日本相继发动"九一八"和"一·二八"事变后，尽管日本帝国主义以其大规模的残酷的武力方式来侵略中国，但中国人民没有屈服。

> 我们的土地被践踏，我们的人民被杀戮，我们的全部海岸遭非法的封锁。但是，中国人民在日本帝国主义残酷的侵略面前并没有低头，相反他们更加团结在一起了，使支离破碎的中

---

❶ 冯仲足：《苏联诞生二十年》，《东方杂志》1937年第34卷第18号。

国凝结而为钢铁一样坚固的整个的中国……民族自卫的炮火已响彻了中国的每个角落,我们无数英勇的战士前仆后继地拼着血肉去抵挡日帝国主义机械化的部队,但我们个个人都怀着坚决的自信:从牺牲中一定能够取得我们的生存,从艰苦的抗战中一定能够打出我们光明的大路。❶

中国人民的持续抗战,不仅有力地打击了日军在中国大陆的嚣张气焰,也有力地支持了太平洋战场上的作战。1939年9月第二次世界大战全面爆发后,使日本看到了南进的机会。1940年5—6月,德国军队横扫西欧、北欧,法国战败,英国退守英伦三岛,而美国在专注欧洲战局,东南亚及太平洋地区便成为英法无力防御的地区,为日本南进提供了千载难逢的机会。日本南进后,中国抗日战场仍然牵扯日军的绝大部分兵力,有力地支持了太平洋战场的作战。

---

❶ 冯仲足:《苏联诞生二十年》,《东方杂志》1937年第34卷第18号。

二、对俄共领导的共产国际的关注与评价

十月革命前,俄国还是欧洲一个比较落后的国家,经济实力不如英、法、德、日等国家。十月革命胜利后,俄国人民迅速从第一次世界大战的苦难中摆脱出来,建立了自己的政权,开始了崭新的民主生活,俄国十月革命以后在国际舞台上的影响日益扩大。《东方杂志》作者幼雄认为:

> 俄国自1917年11月过激派革命成就苏维埃政体建设以来,倏忽已过了五年;这五年中,无日不在内忧外患之中:起初是因为列强采用经济封锁政策,饱尝了物质缺乏的苦楚,去年又值年荒岁歉,饿死了整几百万的灾民。但他竟能继续奋斗,不屈不挠。一面整顿内务谋全俄的统一,一面联合德土与列强相对抗;到现在居然百事就绪,进行顺利,国基渐固,势力大张。这虽由于俄国人民能忍痛耐苦,不怕艰辛之所致,但他在外交上能够审察时宜,

随机应变，也不可轻视呢。❶

俄国迅速发展的事实对全世界的无产阶级产生了强大的吸引力，他们也纷纷拿起手中的武器，开展革命斗争。但是，第一次世界大战结束后，帝国主义势力在瓜分战败国的基础上重新勾结起来，建立了国际联盟。1919年2月，西欧国家的社会民主党在瑞士的伯尔尼成立了企图引导工人运动走改良主义道路的社会主义工人国际。当时，在俄国十月革命影响下刚刚建立的各国共产主义组织，如阿根廷共产党、芬兰共产党、匈牙利共产党、波兰共产党、荷兰共产党、德国共产党等都还很弱小，在思想上、组织上也还不成熟，客观形势要求必须把刚刚成立的各国共产党联合起来，防止他们被同化。《东方杂志》作者幼雄对俄国的外交政策进行了分析。

> 俄国即是实行共产主义的国家，他的国策自然在谋全世界的共产化。他的外交上的根本

---

❶ 幼雄：《五年来劳农俄国外交之变迁》，《东方杂志》1923年第20卷第4号。

第三章 《东方杂志》作者群对社会主义运动的情感

计划，也自然在引起资本主义国家的革命，企图苏维埃政治的普及。他为达到这个目的起见，不惜牺牲多数金钱，以从事宣传运动，特组织"第三国际"为宣传之机关。❶

1919年3月，在列宁的领导下于莫斯科召开了国际共产主义代表会议，第三国际（共产国际）宣告成立。1921年6月，《东方杂志》在世界新潮栏目报道了共产国际召开第三次国际大会的情况。

> 代表国际革命的劳动运动之第三国际即共产党国际，自本年6月23日至7月12日，开第三次国际大会于莫斯科。本届大会提议事项之最重要者……规定凡加入第三国际之各党，须一律改称为共产党，须一律用公开的及秘密的宣传方法以推翻各国资本阶级之政府。且尤必将党中属于机会主义之妥协分

---

❶ 幼雄：《五年来劳农俄国外交之变迁》，《东方杂志》1923年第20卷第4号。

子，悉行摒逐。❶

自从第三国际宣布实施严格的党纲后，有许多原来同情劳农政府的温和的社会党因第三国际不能相容而站在了反对的立场上。因此，在此次大会中，有数国代表提议修改此条，以便消除温和派的仇视态度和做法。出席会议的300名代表对此议案进行了剧烈辩论，各抒己见，莫衷一是。俄国代表列宁、托洛茨基等都表示反对修正。列宁在会上发表演说："政府为谋重建工业计，在一方面自不得不与资本国谈判，并输入外资，让其开发权利。然在他方面，则共产党仍积极准备世界的大革命。俄国共产政府决不愿与一切自由主义者、民主主义者协商。盖今之反动派，皆以自由民主为护身符故也。"❷当时各国共产党大多数代表都表示同意，通过了列宁的提案。在列宁领导的共产国际的支持下，亚非拉地区的民族解放运动如火如荼地开展起来。

---

❶ 世界新潮栏目：《第三次国际共产党大会之经过及各国劳动运动之现在地位》，《东方杂志》1921年第18卷第21号。
❷ 世界新潮栏目：《第三次国际共产党大会之经过及各国劳动运动之现在地位》，《东方杂志》1921年第18卷第21号。

第二节　对世界劳工运动的情感

一、对劳工阶级前途命运的关注

（一）劳工运动的形式

《东方杂志》作者陈望道说："劳工联合，从根本上区分起来，共有三种典型：第一种是为增进劳工全体利益而组织的劳工联合；第二种是为增进各种职业的劳工各自特殊的利益而组织的劳工联合；第三种劳工联合，处在前述这两种中间，既不是筹划直接增进全体劳工共同的利益，也不是预备直接增进各种职业劳工各自特殊的利益，却是以增进各种产业的劳工共同的利益为直接目的而组成的劳工联合。"❶ 这三种典型的劳工联合，各有特殊的名称：属于第一种典型的通常称作"一般的劳工联合"或"阶级的劳工联合"；属于第二种典型的称为"职业的劳工联合"或"技艺的劳工联合"，也称为"同行的

---

❶ 望道：《职业的劳工联合论（上）》，《东方杂志》1921年第18卷第21号。

劳工联合";属于第三种典型的,通常称为"产业的劳工联合"或"实业的劳工联合"。陈望道指出:"在这三种典型的劳工联合之中,我们原该特别注意第三种典型,即产业的或实业的劳工联合。"❶这是因为,第一,它是现今思潮"最高的潮流"。在三种典型之中以这一种为最新,三种之中只有这一种特别可以称作新式的劳工联合。结合中国劳工运动的实际情况,"我们要想在劳工联合运动场上不再走前人走错的错路,须得注意这一种,预备建设起这一种"。❷第二,它是现今运动"最猛烈的流派"。法国工团主义、俄国的职业联盟这些组织是充满着朝气的产业劳工联合。

陈望道指出,中国的产业劳工联合这种劳工组织只是"稍微有一点雏形"。事实上,中国自古以来就是典型的农业大国,工业基础很弱,相应地,中国的产业工人比西欧国家的产业工人形成的要晚一些。1840年鸦片战争以后,中国的产业工人队伍才逐步形成和发展。尽管近代

---

❶ 望道:《职业的劳工联合论(上)》,《东方杂志》1921年第18卷第21号。

❷ 望道:《职业的劳工联合论(上)》,《东方杂志》1921年第18卷第21号。

中国工人阶级建立的团体较少，组织性较弱，但工人运动已经开展起来。尤其是在五四运动时期，在具有初步共产主义思想的知识分子的组织下，工人运动呈现出一个良好的发展局面。（1）出版适于工人阅读的通俗刊物，提高他们的知识水平和思想觉悟。如1920年8月，陈独秀等人在上海创办的通俗刊物《劳动界》。（2）创建工人自己的团体——工会，加强工人之间的团结，提高工人的组织性。如1920年11月，创办了由李中领导的上海机器工会。（3）成立劳动补习学校，培养工人运动的骨干。如1921年元旦，北京共产主义小组在长辛店建立的劳动补习学校。

（二）劳工运动的发展历史

《东方杂志》作者张慰慈认为："劳工阶级是一种特种的劳工，是城市工业方面所雇用的劳工。"所谓劳工，顾名思义，是指劳动工人。所谓工人，顾名思义，是指工作的人。所以，劳工和工人的含义是一样的，都是指在某一社会组织中从事劳动的人。但最初的劳工或者工人特指在城市中的工业领域从事劳动的人，如在工厂、作坊、港口等地方劳作的人。在18世纪中期欧洲工业革命以前，欧洲各国都是农业国,基本上都是工场手工业。

  各项物品制造的地方是一个小店铺,这是一个东家的私产,也是他一人所经管的。各种手艺行业的东家联合起来,各组织一种同业公会。在各店铺中,工作的人就是东家本人、东家家族的人、雇用的伙计和学徒。每天出产的物品是很少,并且他们又工作得很慢,只因为那时候市场的范围是很窄小,所以极小量数的出品已经足够供给人民的需要了。国外商业差不多可以算还没有发生,乡区人民因为交通的不方便,也很少与城市往来,他们所穿的衣服,所用的器具都是他们自己做的。在这样的状况之下,城市工业是决不会发达的,城市手艺工人的数目也决不会增加的,他们的地位也决不会抬高的。❶

---

 ❶ 张慰慈:《战后的欧洲劳工阶级》,《东方杂志》1926年第23卷第22号。

第三章 《东方杂志》作者群对社会主义运动的情感

《东方杂志》作者张慰慈描述的是工场手工业时期的工作状况，大多数都是家庭手工业。家庭手工业一般是按照一家一户为单位，不雇用工人或者雇用一些辅助性的伙计和学徒。家庭手工业的经济基础是生产资料私有制。农民利用自己的生产资料，使用简单的生产工具，生产一些劳动工具或者家庭日用资料。生产出的产品主要是满足自己的需求，多余的产品才予以出卖。乡村之间、城乡之间、城市与城市之间的商业交往很少，国与国之间的商贸往来就更无从谈起了。

张慰慈指出："劳工问题和劳工阶级是工业革命以后才发生的。"❶ 劳工运动的目的是被压迫的劳工争取较好的工作条件、较多的休息时间和较高的劳动待遇而组织起来与资本家、政府进行斗争的活动。在世界历史上，劳工运动发端于工业革命后的欧洲。

> 工业革命发生后，一切情形都大大的更变了。旧的制度是从根本上推翻了，新的制度发

---

❶ 张慰慈：《战后的欧洲劳工阶级》，《东方杂志》1926年第23卷第22号。

生了。各种机器发明后,就把所有的工业集中在几个大城的工厂中,每天的出品比之从前不晓得要增加多少倍。轮船火车又把这大宗出品运到全世界各处销售。运输办理是极方便的,运价又是极廉的。市场愈推广,工业出品的需要愈增加。同时工业革命又大大的增加劳工阶级的人数。欧洲各处就于极短时期中发生了无数的工业中心点,每处充满了无数工厂,聚集了大群工人。❶

从17世纪40年代到19世纪上半叶,英、法等西欧主要国家通过革命相继推翻了封建专制制度,促使资本主义经济迅速发展起来。18世纪中期,英国工人哈格里夫斯发明珍妮纺纱机、瓦特改良蒸汽机之后,由一系列的新技术革命推动了机器大工业的发展。在英国,英格兰中部地区率先进行了工业革命,并迅速推广到其他地区。在法国,工业革命最早发生在巴黎和里昂等大城市、西北部的

---

❶ 张慰慈:《战后的欧洲劳工阶级》,《东方杂志》1926年第23卷第22号。

纺织工业区。亚麻工业的发展十分繁荣，丝绸工业产品在19世纪上半叶增长了4倍。在德国，工业最初在莱茵河流域发展，然后迅速向北部扩展。德国的棉纺工业、煤炭和冶炼工业发展迅速。但是，随着工业革命的发展，工人阶级的地位发生了变化。

张慰慈对工业革命发生前后工人的经济状况与社会地位和工场手工业时代的工人作了一个比较，认为新工人的地位远不如从前工场手工业时代的工人。工场手工业时代的工人虽然没有什么机会，但是他们"在社会上的地位很稳固"。工业革命之后，工人的经济状况与社会地位发生了明显的变化。

> 各处各地方都充满了人民，工厂主要用多少工人，立刻就可以有多少工人……劳工阶级所受到的痛苦确是最厉害。虽则以后因法律的干涉，经济方法的改革，新工业制度的弊端逐渐废除，但直到了19世纪的中期，欧洲工人确是困苦的阶级，他们并没有得到一种公平的

待遇。❶

张慰慈描述的这种状况，是在西方资本主义大工业发展的同时出现的一种必然现象。机器大工业的发展促使劳动生产率获得了很大的提高，但也使得大量工人失业，资本家取得了用工的主导权，"工厂主要用多少工人，立刻就可以有多少工人"，工人受到的压迫日益深重。

（三）劳工组织的建立

第一次世界大战后，本来生活极端贫困的劳工更加贫困了，他们想建立某种组织来改变这种状况。"劳工里眼光远的人，已在预备将来的组织。"❷ 英国劳工们的第一个想法是把体力劳动者和脑力劳动者组织起来，"1918年劳工运动的会员资格（从前只限于手工的人）普及到脑力工人"。❸ "有组织的用力于增加他们候选议员的人数"。劳

---

❶ 张慰慈：《战后的欧洲劳工阶级》，《东方杂志》1926年第23卷第22号。

❷ 孔常：《英国劳工运动史》，《东方杂志》1921年第18卷第15号。

❸ 孔常：《英国劳工运动史》，《东方杂志》1921年第18卷第15号。

工运动的具体做法如英国工党的纲领里提到的："他们的信条是，大战后所要改造的，不是政府里那一部分，或是一件社会机器；社会自身就须改造。"❶ 劳工们想建造一个符合"脑力或腕力工人的共同利益"的新社会组织。这种新的社会组织活动的规则是："普遍的实行全国最低额工资；民主的实业管理；国家财政的革命；剩余的当归于公众。"❷ "将来也许有革命的危险，但是决不会有照普通解释的暴烈革命发生。将来的改革，一定是渐进的工资和盈利制度的变更。"❸

《东方杂志》作者孔常详细考察了英国的这种劳动联合情况。他认为，英国的劳动联合表现出劳资双方在斗争中有着一种特别的精神，可以称为"盎格鲁撒克逊精神"，即一种守旧性和坚决性的结合。这种特性在劳资双方斗争过程中都能够看得出来。孔常认为这种精神的具体表现就是"成功的欲望比较胜利的欲望高"，即如果劳工们向资

---

❶ 孔常：《英国劳工运动史》，《东方杂志》1921年第18卷第15号。

❷ 孔常：《英国劳工运动史》，《东方杂志》1921年第18卷第15号。

❸ 孔常：《英国劳工运动史》，《东方杂志》1921年第18卷第15号。

本家提出的主要要求能够达到，在其他小的、次要方面也肯作出让步。换句话来说，他们有"一种清明的常识，最后的争点到时，总不趋于极端"。这是因为，"工人们自己觉得力量大，是创造新环境的一个动因"。同时，"是工人们受了大战里的痛苦和牺牲，改变了态度"。就是说，如果劳工们不能够在达到一定的要求时停止，而一味地和资本家斗争下去，往往最后还要吃亏。所以，"男女工人从前竭力的苦工求食，现在却有了一种新的人生观；他们要求新的组织，使他们永远有一个快乐的生活。这种人生观和觉悟自身力量的伟大，合起来造成现在劳工运动所发生的各种事变的大原因"。❶

可以看出，英国的劳工运动和劳动联合是一种渐进的改良主义的方式。

二、对国际劳工组织的关注

《东方杂志》作者吴恩裕认为，马克思在《共产党宣

---

❶ 张慰慈：《战后的欧洲劳工阶级》，《东方杂志》1926年第23卷第22号。

言》中把共产主义者和无产阶级看作一种人,因为两者的利益是一致的。但是共产主义者是无产阶级的优秀分子,是比较"进步的""果断的"无产阶级。因为"他们清楚地知道无产阶级运动前进的路线情况,和最后的一般结果"。❶ 从这个意义上说,马克思把共产主义者称为"实践的唯物论者"。这些共产主义者,或者实践的唯物论者还是教育者,他们的作用是要传授给普通劳动者这样的知识:人类社会发展演变的历史、现在的情况以及对未来社会的展望。这是因为,对于普通劳动者而言,他们没有时间和能力来探究这些问题。

《东方杂志》作者化鲁凭着知识分子自身的良知和正义感对民众运动予以大力支持,并且认为:"真实的民众运动,应该是职业阶级——工人、农夫、商人、教师、学生等——的运动。"❷ 也就是说,如果中国要取得民族的独立,包括工人、农夫、商人、教师、学生等在内的各方力量都要团结起来,而在其中能够充当领导阶级的只能是知

---

❶ 吴恩裕:《马克思的政治思想》,北京:商务印书馆2008年版,第92页。
❷ 化鲁:《民众运动的方式及要素》,《东方杂志》1923年第20卷第13号。

识阶级。因为,"农民与工业劳动者大多是未受教育",他们没有能力来领导民众运动;"商人也太多缺乏常识且未经政治训练",他们也没有专业的素养来领导民众运动。❶

化鲁的这种观点不仅在于知识分子引导国内的民众运动,而且时刻关注着世界劳工阶级运动。1919年,依据《凡尔赛和约》,国际劳工组织作为国际联盟的附属机构而成立。国际联盟会的目的在于和解国际间的争执,维持世界的和平。第一次世界大战发生的原因虽然很复杂,但也有经济方面的原因,如劳资纠纷等。国际劳工组织就是解决国际劳工问题的机关。欧洲工业革命以来,工人阶级的社会地位不但没有得到提升,反而受到资本家阶级的压迫越来越严重,所以,欧美各国都颁布了一些劳动保护法令。但工业革命之后国与国之间的商业竞争日益激烈,各国政府为了抢占更多的国际市场份额,增加本国的生产力,就纵容国内资本家减少工资、延长工作时间,由此对工人的压榨日益深重。所以,有些国家根本没有制定相应的劳动保护法令;有些国家虽然制定了劳动保护法令,但

---

❶ 化鲁:《民众运动的方式及要素》,《东方杂志》1923年第20卷第13号。

是随时、随意将其修改或者废止。《东方杂志》作者陈宗城指出:"这种情形,是有违社会公道的。并且国际间长此经济竞争,必肇战祸。就假使国与国间不开战,工人们怨恨日深,终有社会革命流血之一日。"❶防止这些危险的最好办法是"令工业程度发展相当的国家,同取一样的保工法则,不许各自任意废改"。❷就是说,制定国际劳工法要各国共同遵守。但是国际劳工组织并没有权力强制劳动保护法令制定和遵守劳动保护法令,只能议决各种国际劳工法规,以公约草案的形式去与各会员国进行商讨,有会员国决定是否批准这些劳动保护法令。陈宗城说:"这种办法,骤然看来,似乎是有点隔靴搔痒。但是细察起来,觉得他也有相当的价值。"❸因为有了这个办法,总比专让各国自由立法以保障工人要好些。这个办法的好处是:"造成一种国际间鼓励、切磋,立法保工的机会,立个准则和榜样;造成国际上一种保工的舆论,来批评、监

---

❶ 陈宗城:《国际劳工组织与中国》,《东方杂志》1928年第25卷第19号。

❷ 陈宗城:《国际劳工组织与中国》,《东方杂志》1928年第25卷第19号。

❸ 陈宗城:《国际劳工组织与中国》,《东方杂志》1928年第25卷第19号。

督各国政府；每国批准了一种劳工公约，不能随时废改，并且实行上要受监督。"❶

陈宗城在对国际劳工组织考察后指出："我国也采纳过国际劳工大会所议决的建议。譬如工厂检查之建议与加入1906年之禁用黄燐公约的建议，等等。但是大会所议决的公约草案，我国却一种也没有批准。这层也怪不得我国，因为大会所议决的公约草案，都是根据工业稍为进步国家的情形而定的。"❷陈宗城认为，中国工业在萌芽之时不能适用。1919年，国际劳工组织第一次大会曾组织了一个"特别国家委员会"，专讨论工业初始国家适用8小时公约的问题。该委员会的意见，以为中国的工业刚刚开端，关税又未自主，承认中国暂时不能完全仿行欧美各国的现在劳工法。所以只希望中国政府能自己立法保护国内几个大工厂的工人。❸

从国际劳工组织的成立及运行情况来看，有些国家制

---

❶ 陈宗城：《国际劳工组织与中国》，《东方杂志》1928年第25卷第19号。

❷ 陈宗城：《国际劳工组织与中国》，《东方杂志》1928年第25卷第19号。

❸ 陈宗城：《国际劳工组织与中国》，《东方杂志》1928年第25卷第19号。

定了相应的劳动保护法，但没有得到切实的执行。在劳资关系上，尽管在劳工的斗争下建立了所谓劳资共决、职工参与决策等制度，但劳工与资本家之间的矛盾并没有得到根本缓解。

总之，《东方杂志》作者面对着如汹涌波涛般的社会主义运动，通过自己手中的笔抒发对第一个社会主义国家的诞生、世界各个被压迫民族的抗争的感想，体现了近代中国知识分子强烈的爱国心和责任感。

第四章 《东方杂志》作者群对社会主义制度的态度

从人类社会的发展过程来看，封建社会末期小商品生产者的两极分化、商业的出现和发展以及资本的原始积累促进了资本主义生产关系的初步形成，加之产业革命的推动和资产阶级革命的兴起，最终确立了资本主义制度。但是，随着社会化大生产的发展，到19世纪末20世纪初，资本主义社会内部的各种矛盾逐渐暴露出来，为无产阶级登上历史舞台、缔造新的社会主义制度提供了前提条件。

尤其是1914年爆发的第一次世界大战，是西方列强重新瓜分世界、争夺势力范围的一场帝国主义战争。战争使作为军事封建帝国主义国家的俄国的各种矛盾日益尖锐起来。"1914—1917年三年中，约有1400万青壮年劳力被迫参军，致使农村失去40%劳动力，加上牲畜被大量征用，造成了大量土地荒芜，粮食产量大幅度下降。"[1]在这种经济严重破坏的基础上诞生的苏维埃社会主义制度也必然存在这样那样的问题。

态度是社会主体对社会客体进行反映的一种较为稳定的心理态势。马克思、恩格斯在唯物史观的基础上所构想的社会主义社会的蓝图，俄国革命之后确立的"苏联特色"的社会主义制度，人们在对之逐步认知的基础上产生了一定的情感体验和态度倾向。通过本章的分析可以看出，《东方杂志》作者对西方资本主义制度的功过进行了深刻的反思，认为社会主义"生长于资本主义的胎里"；加深了对资本主义制度与社会主义制度之间关系的认识，认为社会主义是在与资本主义的"相反而相成"中逐步得到发展的。

---

[1] 杜康传、李景治：《国际共产主义运动概论》，北京：中国人民大学出版社2002年版，第84页。

第四章 《东方杂志》作者群对社会主义制度的态度

第一节 对社会主义制度的态度

一、社会主义"生长于资本主义的胎里"

《东方杂志》作者张维桢指出,"所谓社会主义就是生长于资本主义的胎里,这就是资本主义的矛盾"。[1]可以说,作者的这一观察还是比较深刻的,符合人类社会演进的客观规律。根据马克思主义的基本原理,人类的全部生活过程是由物质资料的生产方式决定的。资本主义的生产关系是在封建社会末期小商品生产者两极分化的基础上产生的,同时商业的发展对资本主义生产关系的产生也起到了重要的促进作用。《东方杂志》作者邵振青解释说:"近世之时代潮流,最呈剧烈之变动,且影响普遍于今日所称为文明之各国者,莫如18世纪之产业革命。经此革命而后,乃确立所谓资本主义。各国在此潮流之中,争先恐后。以资本主义发达之程度,为测量文明程度之标准。所

---

[1] 张维桢:《班纳克支之资本主义与社会主义观》,《东方杂志》1929年第26卷第14号。

谓资本主义,即资本家本位主义。一切制度,以助长资本家之利益为前提。资本家乃成此一时代之代表势力,在此时代之国家。"❶ 这个解释也符合马克思主义的基本原则,在工业革命的推动下,商品经济得到迅速发展,推动了资本主义生产关系的产生。

资本主义在其发展过程中,既有促进社会发展的因素,也有它的弊端,《东方杂志》作者对此有清楚的认识。"《东方杂志》在深入探讨战争、国际关系、国体与政党等问题的同时,辟出大量篇幅探讨婚姻、家庭、语言、个人、阶级、劳动、土地、人口、迁徙、教育及其他社会问题(如'阶级的奋斗''异性的奋斗',等等)。……《东方杂志》对于19世纪政治形式的批判始终与对土地、资本和劳动的关系的分析相互关联,这也就为其政治思考提供了一个新的方向,即社会主义的方向,其中心是对以权利竞争为中心的资本主义的批判。"❷ 但是,"资本主义是一种历史过程,是不消说的。资本主义现在已经陷入否定自

---

❶ 邵振青:《资本主义与各国对华政策》,《东方杂志》1920年第17卷第13号。
❷ 汪晖:《文化与政治的变奏——战争、革命与1910年代的"思想战"》,《中国社会科学》2009年第4期。

身的境地。以自由与平等为本质的资本主义，已经到不能不自己放弃的时候了。资本主义的生命，已经渐渐靠近最后的坟墓了"。❶

《东方杂志》作者宋斐如翻译了日本近代社会主义学者高畠素之的《资本主义功过论》一文，对资本主义的功过是非进行分析，值得我们思考。高畠素之认为，资本主义是指欲借资本私有以获得剩余价值的"经济欲望"。资本主义是以生产机关的私有、生产物与劳力的商品化为前提的。资本是一种用以收获剩余价值的价值。在以收获剩余价值为目的而生产商品、使用劳力的时候，生产机关就成为资本。而不能用以收获剩余价值的生产机关，只是价值而不是资本。这种过程以收获剩余价值为要求，是狭义的资本主义；同时它又是现代经济组织的基础。❷

---

❶ ［日］高畠素之：《资本主义功过论》，宋斐如译，《东方杂志》1929年第26卷第14号。

❷ ［日］高畠素之：《资本主义功过论》，宋斐如译，《东方杂志》1929年第26卷第14号。

（一）资本主义的优点

1. 彰显了一定程度的自由平等精神

资本家所追求的直接目的是货币、经济利益。资本主义收获剩余价值的目的在于追求这种经济利益。在人类历史发展过程中，对于经济利益的追求是一贯的。然而在资本主义制度下，对于经济利益的追求是以自由平等为根据的。追求经济利益，即剩余价值，就是自由平等的表现。在这一点，可以发现与他时代有区别的资本主义时代的特质。高畠素之认为，资本主义的真髓在于"自由平等"，其他的种种特质，即由这自由平等分支出去的。❶ 因为，资本主义因其破坏封建制度的外壳而成立。封建社会的特色，在其无论在哪一方面都带有"权力统制"。无论是财货的生产，或者分配，总在权力支配下进行，而无所谓个人的自由平等。然而至16、17世纪，生产力发达，而封建制度崩坏，"取封建制度而代之的资本

---

❶ ［日］高畠素之：《资本主义功过论》，宋斐如译，《东方杂志》1929年第26卷第14号。

第四章 《东方杂志》作者群对社会主义制度的态度

主义,反动地加强自由平等",❶诸如自由经营、自由投资、自由竞争以及自由劳动,等等。自由的另一面就是平等。无论是企业的自由、竞争的自由,抑或是劳动的自由、投资的自由,都是以平等为前提的。以生产这种商品的资本,转移于其他的生产部门,而供给乃减低至与需要一致的程度。这种调节作用,可以说是一种"不倚赖国家的统制即得防止经济生活的混乱的资本主义的长处"。❷

2. 促进了商品经济的发展

资本主义经营的基本原则是"基于自由平等以进行认为价值平等的商品交换"。依据等价的交换以收获剩余价值,是在资本主义下满足利己心的"最上方法"。因为欲以不正行为而获得利益的人,结局在自由竞争场必变成落伍者。平等的观念要求交换价值相等,依据等价交换必然能够获得充分的剩余价值。

---

❶ [日]高畠素之:《资本主义功过论》,宋斐如译,《东方杂志》1929年第26卷第14号。
❷ [日]高畠素之:《资本主义功过论》,宋斐如译,《东方杂志》1929年第26卷第14号。

3."促进与资本主义相关联的社会进化的大效益",即促进了社会的发展

因为资本主义立足于营利的原则,只要可以获得盈利,无论什么东西都能够生产。资本主义生产助长奢侈,巨额资本投于奢侈品的生产,从而生活必需品的生产量减少。从这一点上有人对资本主义加以攻击。固然资本主义助长奢侈,是没有疑义的。然而因为奢侈盛行导致生活必需品的生产有减退之虞,这不是确论。另外,因为奢侈的普及化,而获促进与资本主义相关联的社会进化的大效益。

4. 促进了工业的发展

资本主义与利用机械进行大量生产,有密切不可分离的关系。"家内工业与手工业,被运用机械的工场工业所征服了。商业与交通业的发达,扩大了市场;个人的消费物,因为奢侈的普及而增多了。商品的需要渐渐大量化。想要满足大量的需要,势须机械的发达。机械的发明与改良进步,则各种商品的价值减少而价格低落。

价格的低落,时常激起新的需要。"❶ 因为机械发达与生产大量化,而商品的价格跌落破坏了农村的自然经济。自给自足的经济破坏后,农民遂被都市的商工业者所榨取。有人就这一点,攻击资本主义。固然表面上农民被商工业者所榨取,然而这并不是因为他们消费工业制品的缘故。农民之所以被商工业者,或被其他所榨取,是由农产物的价格来决定的。生产力的发达,产出未曾有的新商品,使我们的生活简单化、合理化。

5."注重科学的合理的精神"

工场内的劳动合理化、效率提高。"从前只使用大福账(总账)的小商人,现在也用起现金簿(Cash Register)写入簿记式的账簿";这种倾向也影响到人们的日常生活,"封建时代的繁礼大半都被废去了。家庭生活以及社交仪礼,也都充分合理化了"。❷

---

❶ [日]高畠素之:《资本主义功过论》,宋斐如译,《东方杂志》1929年第26卷第14号。

❷ [日]高畠素之:《资本主义功过论》,宋斐如译,《东方杂志》1929年第26卷第14号。

（二）资本主义的弊端

1. 劳动者的贫穷化

资本主义的弊害之中最根本的，算是劳动力的商品化。劳动者的贫穷化，失业者的增加，都是基于劳动力商品化的事实。资本家获得剩余价值和阶级斗争的出现都是劳动力商品化导致的结果。"资本主义的社会，是分为有产者与无产者的二大阶级的。无产者除非出卖自己的劳力以外，没有别的生活方法。因为他们再没有别的生产要素的缘故。"❶劳动力之所以商品化，也就是这个缘故。获得剩余价值，重再变为资本，是资本主义的本质；所以少数资本家的手里，资本愈蓄积愈多，剩余价值也愈聚集愈大。这样财富集中于一阶级的结果，造成严重的贫富分化。无产阶级的数目逐渐增加，但是，劳动的需要并不成比例地增加。因为机械的发达及其利用的范围扩大，而生产同量的商品所必需的劳力，逐渐减少。生产盛行的结果，劳动力的需要不绝对地减少，然而会逐渐相对地减

---

❶ ［日］高畠素之：《资本主义功过论》，宋斐如译，《东方杂志》1929 年第 26 卷第 14 号。

少。劳动力的供给超过需要的时候，就会导致失业，而劳动力的价格跌落。因此，应该说劳工的失业和生活困苦的根本原因，在于劳动力的商品化。

2. 家族团结的弛缓

所谓"男女平等""经济独立"等，"妇女界的有产者革命运动"，逐渐把封建时代的传统精神驱除了。依据这些情形，妇女的经济也渐渐独立化，出现了全部家族到工场去赚工钱的劳工家庭，失掉了家长威权的聚集所。

3. 金钱万能主义的弥漫

把一切东西货币化，倡盛了黄金万能主义，也是资本主义的弊害。货币有万能的力量；这种力量，一切的东西都要屈服它。可以用货币计算的，不但是选举的投票。"只要有金钱，既可以左右所谓舆论，又可以取得政权：这种倾向，决不是可乐的现象。"❶

高畠素之总结说："资本主义，到现在无论是功是过都要终了了。产业的统一与社会化，正在酝酿着。社会经济的发展，已经越过必须资本主义的阶段。资本主义，现

---

❶ ［日］高畠素之：《资本主义功过论》，宋斐如译，《东方杂志》1929年第26卷第14号。

在已经与其根本精神,一并失去存在的理由了。"❶

二、社会主义在与资本主义的"相反而相成"中发展

《东方杂志》作者张维桢指出:"资本主义和社会主义,是两个敌对的仇人;但我们稍加考察,即发现它们原是相反而相成的。"❷ 从达尔文的生存竞争学说来看,"依着人类的社会性和器官的使用,在它的发展中得了特殊的形式,生存竞争在一个团体中的分子间不特没有发生,而且很友善地互相扶助;只是团体与团体之间,那就不免了,团体间竞争的胜败,是以技术的优劣而决定的,因此,遂促进技术的进步,然各在不同的社会里其结果亦因之而异了。"❸ 我们可以按照进化论来阐述人类社会历史的发展。

---

❶ [日]高畠素之:《资本主义功过论》,宋斐如译,《东方杂志》1929年第26卷第14号。
❷ 张维桢:《班纳克支之资本主义与社会主义观》,《东方杂志》1929年第26卷第14号。
❸ 张维桢:《班纳克支之资本主义与社会主义观》,《东方杂志》1929年第26卷第14号。

第四章 《东方杂志》作者群对社会主义制度的态度

资产阶级获得了政权而设立资本主义制度的时候，首先进行的就是破坏封建制度，把人民从封建的束缚中解放出来。各人所得的自由竞争，就是后来的资本主义制度的根本要义。任何人的行动既不受地方的拘束，也不受法律的限制，所以生产能力得以充分的发展。劳动者免去封建的束缚而开始把劳动力当作商品卖给资本家，而资本家也当作自由劳动者使用他们。资本家的目的就是为此，他使"全体人民享受自由"，但同时又使他们成了"孤立的无保护者"。从前的人民是属于某种地方的团体的，受某君主或都市的保护，他们是社会团体的一部分，有对于那个团体的义务，并且享受那个团体的保护，所以"劳动者自得了解放，同时也失了保护"。❶他们既从一切的束缚与保护中解放出来，除了依赖自己之外别无办法，所以不能不以自己一身与一切的人来奋斗。

在这样的资本家的制度之下，怎样开展竞争呢？这个起先是技术上的器具——机械。从竞争中生出来的原则，不用说都是适用的。"优良的机械打倒恶劣的机械，使单

---

❶ 张维桢：《班纳克支之资本主义与社会主义观》，《东方杂志》1929年第26卷第14号。

纯的器具消灭,而且机械的技术因为长足的进步,愈加增大生产力,这就是达尔文主义对于人类社会主要的适用。"❶ 从这个意义上说,在资本制度之下,私有财产者在各个机械的背后就有种种的控制。"大机械的背后有大资本家,小机械的背后有小资本家,若是小机械因竞争而败北,则小资本家马上就要完全消灭了。"❷ 结果是大资本越变成更大的资本,便造成资本的集中,因此遂"倾覆了资本制度"了。"要维持资本制度的绅士派都要逐渐减少,要废绝的那个民众都要逐渐增加,在这种发展趋势之中,资本制度的一些特色都要次第消灭了。"❸ 换言之,在各个互相斗争的世界中,发生了劳动界的新结合。适用于其他一般社会团体的事情,也能适用于这种自然发生的阶级团体。换言之,就是在这种阶级团体的分子之间,他们具有社会性、道德心和自我牺牲精神。"由这种巩固的强大的

---

❶ 张维桢:《班纳克支之资本主义与社会主义观》,《东方杂志》1929年第26卷第14号。
❷ 张维桢:《班纳克支之资本主义与社会主义观》,《东方杂志》1929年第26卷第14号。
❸ 张维桢:《班纳克支之资本主义与社会主义观》,《东方杂志》1929年第26卷第14号。

阶级力量，结果遂征服资本阶级"。❶但是，从根本的性质上来说，"这种斗争不是在器具——机械的占有上来斗争，是对于产业经营的权利上斗争。而且它的胜败的决定，只悬于那种阶级的团结力的强弱的程度如何"。❷

所以，在社会主义制度之下，将来的生产组织是可以预测到的。到了社会主义社会，废除了生产资料私有制，生产力逐步发展。"这是人类的新进路开了一个新纪元……自此以后，遂开始了人类历史的新的章节。"❸意思是说，资本主义通过竞争逐渐演变到社会主义社会，这是人类社会发展的趋势。这个观点和马克思主义的阶级斗争学说有着本质的区别，实质上是一种自然演化的改良主义路径。

总之，如果从现实的社会制度上来说，从苏联建立社会主义的国家起，世界政治中就有了资本主义国家与社会主义国家的对立。这是两种性质上不同的社会制度。"抛

---

❶ 张维桢:《班纳克支之资本主义与社会主义观》,《东方杂志》1929年第26卷第14号。
❷ 张维桢:《班纳克支之资本主义与社会主义观》,《东方杂志》1929年第26卷第14号。
❸ 张维桢:《班纳克支之资本主义与社会主义观》,《东方杂志》1929年第26卷第14号。

开枝节不谈,两者对立的骨干,却是经济制度。在资本主义国家中,承认私产的权利,自由竞争的原则,一切企业私营;在社会主义国家中,取消私产,工业国有国营。"❶由经济制度不同而产生的结果,诸如资本主义国家的工人失业、周期性的恐慌、社会贫富的不均等,和社会主义国家的充分就业、避免恐慌与不均现象相比,便形成了强烈的对照。资本主义国家与社会主义国家的经济制度不同,它们所根据的基本原则也不同。资本主义国家的原则,是"自由主义的理论",所谓放任自由,私人竞争,把社会的生产及分工都付诸"看不见的手"来支配。而社会主义国家的原则,是社会主义派的理论,他们看重"计划经济,产业公有,实行有计划的社会生产及分工",以求避免资本主义国家贫富不均,供给与需要不能呼应等现象。根本言之,它们在基本原则上的不同是:"私产制度下自由放任的生产,和取消私产计划生产的不同。"❷

---

❶ 吴恩裕:《"两个世界"是否必须对立》,《东方杂志》1946年第43卷第18号。

❷ 吴恩裕:《"两个世界"是否必须对立》,《东方杂志》1946年第43卷第18号。

第四章 《东方杂志》作者群对社会主义制度的态度

第二节 对苏联社会主义制度的态度

《东方杂志》作者冯仲足在纪念社会主义苏联诞生二十周年时说:"二十年前苏维埃政权的树立,代表着一种新的主义在历史上第一次的胜利,——就是那以生产手段公有为基础的劳动大众的统治,代替了那以生产手段作为阶级私有的少数剥削阶级的统治。二十年来,苏联人民在艰苦辛难中不断地奋斗努力,击退了内外环攻的敌人,克服了全国的贫穷和饥饿,在旧社会的废墟上,建设起繁荣的崭新的社会主义的强固堡垒。在今日,苏联已以人类空前的经济的速率,从落后的农业国一跃而登欧洲第一工业国和世界第二工业国的地位。她又成了世界侵略狂潮中的和平柱石,她也是一切弱小民族解放运动的明灯。"❶

---

❶ 冯仲足:《苏联诞生二十年》,《东方杂志》1937年第34卷第18号。

一、对苏维埃政权建设的肯定与批评

（一）对苏联国体——无产阶级专政的肯定与批评

《东方杂志》作者冯仲足说："苏维埃政权的树立，代表着一种新的主义在历史上第一次的胜利——就是那以生产手段公有为基础的劳动大众的统治，代替了那以生产手段作为阶级私有的少数剥削阶级的统治。"[1] 无产阶级专政政权的建立，对于反对外国的侵略、干涉和维护国内的稳定发挥了重大作用。

十月革命胜利后，环绕在国内外的阶级敌人不甘心自己的失败，妄图从军事、经济、政治等各个方面出击来推翻新生的苏维埃政权。在国际上，德国、英国、法国、美国和日本等帝国主义国家想尽各种方法推翻苏维埃政权。正如《东方杂志》作者冯仲足指出的："原来帝国主义对苏维埃新政权的关系，自始是公然仇视的。所有帝国主义的势力德国、英国、法国、美国和日本，都发动了它们的武力以进攻新政权。他们用尽了各种方法推翻它，或以武

---

[1] 冯仲足：《苏联诞生二十年》，《东方杂志》1937年第34卷第18号。

第四章 《东方杂志》作者群对社会主义制度的态度

装的暴力，或以大军的征伐，或以封锁，或以资助反革命和匪徒的势力，或以组织恐怖主义、暗杀、捏造事实和怠工等。"❶苏维埃政权建立之初，第一次世界大战尚在进行之中，俄国与德、奥仍然在交战。为了尽快摆脱帝国主义战争，以便恢复国民经济，苏维埃政权成立后的第二天马上颁布《和平法令》，提出缔结不割地不赔款的民主和约。但是，这一提议立刻遭到协约国和美国的拒绝，公然出兵进行武力干涉和经济封锁。冯仲足指出："1918年夏间是新政府最危急的时期，协约国一面派军在俄国海口阿钦格尔（Archangel）、海参崴（Vladivostok）、巴库（Baku）等地登陆，一面又对俄国施行经济封锁。"❷与此同时，国内的反革命势力气焰非常嚣张。"贵族、军人、地主、资产阶级造成反革命的联合战线，到处反抗布尔什维克政府。"❸面对内外交困的严重形势，布尔什维克党和俄国全国人民艰苦斗争，经过三年的浴血奋战，终于取得了国内

---

❶ 冯仲足：《苏联诞生二十年》，《东方杂志》1937年第34卷第18号。
❷ 冯仲足：《苏联诞生二十年》，《东方杂志》1937年第34卷第18号。
❸ 冯仲足：《苏联诞生二十年》，《东方杂志》1937年第34卷第18号。

战争的胜利。冯仲足在总结苏维埃政权取得胜利的原因时说："在帝国主义和反革命势力优越的物质条件之下，经过了长期和拼命的斗争，他们终于给俄国工农和国际劳工阶级的联合抵抗所挫败了。这次胜利最主要的原因，无疑是由于俄国大众对于革命的热诚和英勇，由于他们维持自己的土地和统治的坚决意志。"❶

革命后的俄国政府实行无产阶级专政，就是工农业劳动者的专政。但是当时很多人对于无产阶级专政缺乏了解。如有人说，俄国实际上是少数革命的知识阶级的专政，有人说是兵士和警吏的专政，又有人说是代表极少数民意的共产党的专政。但是在苏维埃政权中哪个阶级占主导地位呢？《东方杂志》作者化鲁举出实例说："在劳农俄罗斯全国举行苏维埃选举的结果，可以给我们一个明确的事实的证据。"❷根据俄国人民内务委员所发表选举结果的统计报告，全俄省苏维埃选举的当选人中，工人占40.8%，农民占11.8%，是占比例最高的，可见苏维埃俄

---

❶ 冯仲足：《苏联诞生二十年》，《东方杂志》1937年第34卷第18号。

❷ 化鲁：《谁是苏维埃俄罗斯的统治者》，《东方杂志》1923年第20卷第5号。

国的统治阶级农民和工人实过半数。此外中产阶级，如教员、医生、技术师等也占一部分的势力。全俄的苏维埃执行委员会可以说在劳动阶级的手中。不过共产党在实际政治上占最大势力这都是真实的。❶

但也有作者指出，苏联的无产阶级专政是一种"极端之专制"。政治生活中"为吾人所不满意者，或为苏俄国体"，"政治之重心过趋上级，国家对于国民，行一种非常之专制之一事也。现在俄国人民，对政府畏惧已极，无论何事，皆惟政府命令是从，命之右则右，命之左则左"。❷ 作者提到，如英美所谓的"德谟克拉西"，在苏俄"已无其影迹矣"。同时，作者还指出了党和政府之间的关系，党的权力凌驾于政府权力之上。"政府对人民虽如此强暴，而对共产党则十分软弱。共产党命之进则进，命之退则退。要而言之，即人民支配于政府，政府支配于共产党。人民全体皆依共产党之意以行动之。"❸ "俄国与他国又有

---

❶ 化鲁：《谁是苏维埃俄罗斯的统治者》，《东方杂志》1923年第20卷第5号。

❷ ［日］大藏公望：《苏维埃联邦之实相》，《东方杂志》1930年第27卷第9号。

❸ ［日］大藏公望：《苏维埃联邦之实相》，《东方杂志》1930年第27卷第9号。

不同者，一党一国主义是也。此种主义，为绝对的，决不许第二政党之存在。即以共产党独占之。在共产党中虽亦有中央派左派右派之称，然不过党内之争，而大体胥归一致。此一国一党主义，为优为劣，其说甚纷，要为共产党之政策使然，无足怪也。"❶作者批评说："党与政府之专制情形，极其猛烈。"❷如果出现反共产主义的人，就会有所谓国家保安局者"严重取缔之"。国人对此种状况，"畏如蛇蝎，敢怒而不敢言"。作者又举出一个实例说："在俄国之普通裁判事件，亦如他国，有区裁判所，地方法院，并许大律师为被告人辩护。但在国家保安局，则一审即行判决，朝判决，夕即执行。若判为死刑者，即时杀无赦。判为流刑者，即日放去荒岛。"❸

（二）对选举制度的肯定与批评

著名作家茅盾（字雁冰）在俄国十月革命前后曾在

---

❶ ［日］大藏公望：《苏维埃联邦之实相》，《东方杂志》1930年第27卷第9号。
❷ ［日］大藏公望：《苏维埃联邦之实相》，《东方杂志》1930年第27卷第9号。
❸ ［日］大藏公望：《苏维埃联邦之实相》，《东方杂志》1930年第27卷第9号。

第四章 《东方杂志》作者群对社会主义制度的态度

俄国生活了3年左右，目睹了沙皇政府的崩溃及苏维埃政权的诞生。"予在俄将近3年矣，曾见最后1年余之俄皇政治。"但为了真正了解苏维埃政权的实际状况，"沿伏尔加河而下，游时延至1月之久。余早决定途中多逗留，以考察城若村之'苏维埃'。并预备问题26个，冀途中遇见'苏维埃'领袖或书记、商人、教师以及各色人等，便列举以问之。"具体的选举办法是：每村选举苏维埃代表10人，并举1人为"Volost"代表。"Volost"是代行市职之群村（Townchip of Villages），"为较村'苏维埃'稍高者"。Volost 又推出代表参加州苏维埃的竞选，然后州苏维埃代表参加省苏维埃的竞选。各州"得出1代表于莫斯科之全俄苏维埃会议（All Russian Congress of Soviets）之中央行政委员会（Central Executive Committee）"。❶ 从选举出来的代表来看，"人皆称其忠实而有干才焉"，"各阶级人民，自教士以至富有之农民，对苏维埃代表无不满意，以为是乃人民之真真代表也"。"选举制极为公正，人人有投票权，投票在公开之

---

❶ 雁冰：《俄国人民及苏维埃政府》，《东方杂志》1920年第17卷第3号。

大会行之，不能舞弊。教士及地主遇选举时咸自引避，以自知决无被举之望也。"❶

《东方杂志》作者大藏公望对苏维埃政权提出了批评，认为苏维埃的选举不能够普及到每一位公民，"有产阶级"和"无产阶级"的社会地位是不同的，在选举中"有产阶级"被剥夺了选举权。"有产阶级之压迫于苏俄有显著之一现象，即无产阶级独裁政治，对于有产阶级施行彻底的压迫是也。"❷在其他资本主义国家中，一般以纳税多寡为选举权取得与否的标准，"必须纳相当之税额，始能得有选举权"。但是，俄国反其道而行之，"有产阶级无选举权，凡选举权皆为无产阶级所独占"。"宗教师、商人、安坐而食者及在帝政时代曾充巡捕者，皆不得有市民权，不得与于选举，更课以最重之税金。试以商人与劳动者比较，虽收入相同，而商人所纳税金，较劳动者高出二十几倍。"❸在这里，我们可以看出，苏维埃政权在选举

---

❶ 雁冰：《俄国人民及苏维埃政府》，《东方杂志》1920年第17卷第3号。

❷ [日]大藏公望：《苏维埃联邦之实相》，《东方杂志》1930年第27卷第9号。

❸ [日]大藏公望：《苏维埃联邦之实相》，《东方杂志》1930年第27卷第9号。

时也确实出现过"有产阶级"和"无产阶级"选举权不同的情况。

大藏公望指出，俄国政府虽然宣扬打倒了压迫阶级，"然以吾人之所见，似有所谓'劳动贵族阶级'之发生"。因为在政府中心之人及劳动组合中一部分之人，似均受"特殊的待遇"。虽然在名义上薪水定为每月二百二十五元，然而所谓新特权阶级，在劳农总部内，有特别之病院，也有特别食堂。作者举例说："余在莫斯科看电影，屡见政界要人及其家眷，占有特定之优良坐位，其衣服首饰亦精致异常。此等人即可称劳动贵族阶级。"❶ 作者还表达出了深深的忧虑，"因思苏俄革命，不过十一年，即有如斯之现状，可知将来特权阶级之发生，势所难免。以一无产阶级而贯通之，其事殊有实现不易之感慨也"。❷

---

❶ ［日］大藏公望：《苏维埃联邦之实相》，《东方杂志》1930 年第 27 卷第 9 号。

❷ ［日］大藏公望：《苏维埃联邦之实相》，《东方杂志》1930 年第 27 卷第 9 号。

二、对苏联经济建设成就的仰慕与反思

（一）对苏联经济建设成就的仰慕

俄国人民在布尔什维克党和苏维埃政府的领导下挫败帝国主义的武力干涉和清除国内的反革命势力以后，苏维埃政权在国内外敌人的围攻下站稳了脚跟，但是国内的经济状况非常糟糕。《东方杂志》作者冯仲足指出："因世界大战，革命内战，帝国主义经济封锁及内部改制的结果，国内经济破坏到不可收拾的地步。再加以空前的大旱灾，使全国陷于饥饿的状态，这种种自己场合上的障碍，严重并不减于战争的威胁。"❶ 为了改变这种恶劣的经济环境，列宁提出了新经济政策，其要点是在小型经济范围中仍然允许私人资本自由经营，然后一步一步地由新的集体组织去代替。新经济政策的实施取得了很大的成绩，奠定了五年计划开展的基础。"俄国今日国家经济之进步，已达相当之域，殊可断言。如将1928年之经济状态，以比较1917年即革命时代之经济状态，其进步甚速，固无可

---

❶ 冯仲足：《苏联诞生二十年》，《东方杂志》1937年第34卷第18号。

疑。"❶

但从工业状况来看，工业在整个国民经济体系中所占的比例还低于农业。为此，年轻的苏维埃政府又提出了工业化的任务，要把苏联由"农业国变为工业国"。❷1925年，联共（布）十四大确立了社会主义工业化的基本方针。从1928年10月起，苏联开始了第一个五年计划建设。苏联的"一五计划"开始实施之日起，各国的实业家、政界名流以及教育家、文学家、新闻记者和工人代表团等，包括中国的各界人士都前往苏俄考察，回国后大都对苏俄表示同情，有的还替它鼓吹助威。"在今日，苏联已以人类空前的经济的速率，从落后的农业国一跃而登欧洲第一工业国和世界第二工业国的地位。"❸ "自从'五年计划'实行后，她的工业方面却已有些改观，这也是我们未可忽视的。现在照统计看，工业方面的生产已经比较以

---

❶ ［日］大藏公望：《苏维埃联邦之实相》，《东方杂志》1930年第27卷第9号。

❷ 斯大林：《斯大林全集》第9卷，北京：人民出版社1954年版，第157页。

❸ 冯仲足：《苏联诞生二十年》，《东方杂志》1937年第34卷第18号。

前增加，对外贸易也增加了百分之二十三点三。"❶

《东方杂志》作者陈振汉说："我们细察国人所以要求计划经济，或默认计划的必要，其原因与其说是个人主义或价格经济制度的缺陷所引起的反感，不如说是对于苏联三次五年计划、德国二次四年计划在经济国防建设上所着成效的艳羡。"❷ 因为如果实行计划经济，就会利用政府的强制性权力，并依据主观判断进行生产分配交换消费的一切活动，所能纠正的价格经济制度的缺陷，最显著的如国家资源的浪费、技术进步的阻碍、经济循环与失业问题的严重以及（如果是社会主义的计划经济）国民收入分配的不均，在我国因经济发展的落后，有些缺陷未尝发生；或因基本国策的不同，并不主张平均贫富；计划经济对于我们的诱惑，不在这些方面。"我们所羡慕与想望的主要是苏联与德国在计划经济下建设重工业与恢复国防力量上的成就。……而不知道他们有他们的地理环境经济历史，或更漠视了苏德人民近多年来在生活上的含辛茹苦，对于

---

❶ 颂华：《苏俄经济政策的变动及其最近的概况》，《东方杂志》1930年第27卷第6号。

❷ 陈振汉：《经济政策在苏德经济建设中之地位》，《东方杂志》1943年第39卷第11号。

计划经济便更视为法宝,不觉衷心向往。"❶

(二)对经济建设方面的问题的批评和反思

首先,战时共产主义政策时期取消商品货币交易给人们生活上带来了不便。张慰慈说:"俄国共产党根据马克思学说的原则改组经济生活,旧式的资本主义的经济组织是打破了,新式的共产制度是设立了。"❷ 可以说,劳工阶级已经翻身做了国家的主人,"他们的权利是不能任便由几个资本家任意剥夺,工人在国家经济方面所占的地位却是至尊无上,一切生产和分配事务都须依照工人的利益执行的"。❸ 俄国的劳工阶级听了这样一种经济上的公理,自然是以为他们翻身的日子到了,此后就可以永远享受劳工神圣的幸福。可是俄国试用了几年的战时共产主义政策,"工人还没有踏进天堂的门,社会上其余多数人民却都跌

---

❶ 陈振汉:《经济政策在苏德经济建设中之地位》,《东方杂志》1943 年第 39 卷第 11 号。

❷ 张慰慈:《苏俄政府的经济政策》,《东方杂志》1926 年第 23 卷第 9 号。

❸ 张慰慈:《苏俄政府的经济政策》,《东方杂志》1926 年第 23 卷第 9 号。

下地狱里去了"。❶ "从1917年11月革命起，至1921年的上半年为止。在这时期中，政府所施的经济政策是极端左倾的。当时因禁止私人卖买，商店关闭，国内私人的商业差不都完全取消，农民因被政府强制征收其所余的货物，不准卖买，故亦大感痛苦。"❷ 苏俄政府也就为时势所逼迫，不得不自行取消战时共产主义政策。

其次，计划经济造成了政府机构臃肿，人浮于事。苏俄政府要通过经济计划机关管理工业的运行，就出现盲目增设机关的现象。《东方杂志》作者张慰慈指出："讲到那时候的情形，说起来实在可笑得很；一个裁缝做了一个极大的冶金厂的厂长，一个美术家做了纺织厂的厂长，同时官僚和那般不做事的职员的数目又大大的增加。就是依照苏维埃政府所公布的统计，在1920年的时候，全国共有三百十三万五千个有职业的人，可是其中职员的数目却占了二百万人。各方面的新机关又是继续不断的增加，其中的职员和官吏又是多得不了的，但他们却是都没有事做

---

❶ 张慰慈：《苏俄政府的经济政策》，《东方杂志》1926年第23卷第9号。

❷ 颂华：《苏俄经济政策的变动及其最近的概况》，《东方杂志》1930年第27卷第6号。

的。"❶

最后，向农业集体化的过渡过快过急，造成生产力的极大破坏。"据说苏联的重要货物区域已经于1930年春完全集中化了。乌克兰草原及北高家索（高加索——笔者注）都是在这时候内集中的。进步这样的快，这是一年前世人所梦想不到的。就是在军事共产主义期内的土地社会化，也没曾达到这等地步啊。"❷作者还以自嘲的口气嘲笑斯大林说："斯大林乃顾盼自豪，很夸口地说，现在已不是国家资本主义时期，乃正是建设社会主义程序的时期。事实上似乎告诉他，建设一个完全共产主义的经济和社会秩序的光景，似乎不曾有这样的光明罢。"❸

三、对苏联人民生活的理解与同情

一个国家人民的生活状况及其对政府的态度是这个国

---

❶ 张慰慈：《苏俄政府的经济政策》，《东方杂志》1926年第23卷第9号。

❷ 刘廷芳：《苏俄的新经济政策观》，《东方杂志》1931年第28卷第1号。

❸ C.B.Hoover：《苏俄的新经济政策观》，《东方杂志》1931年第28卷第1号。

家各项政策制定、实施情况的晴雨表。一些《东方杂志》作者亲身到第一个新生的社会主义国家游历,目睹了苏俄人民的真实生活状况以及他们的所思所想,获得了大量的第一手资料。对他们而言,社会主义理论还是较为陌生的东西,他们主要是从苏俄政府政策上,所给予他们的实惠上来了解什么是社会主义,他们想过一种什么样的社会生活。

从整体上来看,俄国人民的生活情况较于其他国家要好一些。作者举例说:"如两加仑之牛奶在英需费只两先令,便可购得,在俄则须(疑"须"字多余——笔者注)需六先令;四磅重之白面包,在英仅值八个有半便士,而在俄则值三先令等例。"❶人民除了能够维持其基本生活外,"反有余资"。因为"盖其人民生计简陋,而习俗尚俭故也";"房租低廉";"饭食简省,平时仅以黑面包、菜汤充作餐者",对于较高档的牛奶等食品,"则为病人与婴儿之饮品,非常人所能享用";"男女服装,更行朴实",如果"盛装赴宴,为习俗所不许",但"今之政府,已在鼓励整容肃装,一般士女亦渐发明新装之式样,互相比

---

❶ 金亚伯:《游俄之印象》,《东方杂志》1937年第34卷第7号。

美"，被看作"资产主义下所染奢靡费之风"；"男女既称平等，故均须工作，且工作之性质，亦男女相同"。"如女工之在铁厂、铁路上工作者，非所罕见"，因此一家之收入倍增。人民在其工作之余，"不感贫苦"，"往赴游艺场所，以消磨闲时者"。总之，"是以俄之工人生活，实较胜于其他各国"。❶

从俄国人民的居住情况来看，没有较大的改观。"俄之民房情形，今昔相似，无大进步。"❷较大的城市，如列宁格兰特❸与莫斯科两城之居民，"虽大行增加，但每家租屋，达二三间以上者，实不多见"。❹"城市中新建之民房，因材质粗劣，故无久持年月之可能；乡村更无修建民房之举动。惟在实业发达之区，近始有计划新市之动议。"❺这说明苏俄新政权建立之初，工业比较落后，建筑技术等也

---

❶ 金亚伯：《游俄之印象》，《东方杂志》1937年第34卷第7号。
❷ 金亚伯：《游俄之印象》，《东方杂志》1937年第34卷第7号。
❸ 即列宁格勒。1914年，第一次世界大战爆发后，因为始建于1703年的圣彼得堡的名称来源于德语，故更名为彼得格勒；1924年，为了纪念列宁以及十月革命，故彼得格勒更名为列宁格勒；1991年，苏联解体后，列宁格勒又恢复原名圣彼得堡。
❹ 金亚伯：《游俄之印象》，《东方杂志》1937年第34卷第7号。
❺ 金亚伯：《游俄之印象》，《东方杂志》1937年第34卷第7号。

是比较落后的。

　　从商品供应方面来看，市场秩序较好。"市场上之商店"，皆为国营单位。因为按时领取固定薪酬，所以在招待顾客时，"仅谦恭而不殷勤"。为了能够进行监督，"购买货物之程序，甚为复杂，因购物处、付款处、领货处，零散分设，不在一部"。❶ "倘赴普通商店购买食品饮料或书籍等物，则须自备装载物品之包裹、提篮、瓶壶及纸张，以便携带。"❷ 这一方面表明政府比较讲究节俭，另一方面也说明当时的各项物质资料比较匮乏。

　　从俄国人民的精神文化生活来看，文化娱乐设施较为齐全。群众"不显得有较奢的生活的欲求……只是以两手糊一口，穿的只是些粗布粗麻"。❸ 乡间的群众也不过多追求改进生活标准，却比较关心"自尊的心理方面"。乡间的文化娱乐设施有："每村必有一个图书馆，图书馆大抵有一打左右的巨册，一打左右的小册，一个列宁的像；一份苏维埃的官报。此外还有农人们自己发行的报纸，普通

---

❶　金亚伯：《游俄之印象》，《东方杂志》1937年第34卷第7号。
❷　金亚伯：《游俄之印象》，《东方杂志》1937年第34卷第7号。
❸　金亚伯：《游俄之印象》，《东方杂志》1937年第34卷第7号。

称农人生活。"❶这些对于外来的参观者来说还是比较新鲜的。在教育方面,"则演讲员、宣传员、影戏片,遍及于全国僻远之处。1927年,计有1 500架影戏车,观者总计达40 000 000人,农人非常欢迎"。❷

从俄国妇女和儿童的情况来看,有不少妇女参加政府事业。政府为在公共事业部门服务的妇女们培养儿童。"据统计,各地方苏维埃选出的官员妇女,人数共有150 000人。其中以各地方政府各委员会所雇用的职员及卫生方面、税捐方面、社会保险方面、教育事业方面等的人员,人数较多。其余有作村庄苏维埃的主席的,有作省执行委员会委员的,有作全俄大会代表的,有作中央执行委员会委员的。"❸俄国政府非常关心儿童的生活,"儿童是新势力的主潮,是未来的共产主义信者"。❹但是还存在严重的儿童问题,当时"还有25万个游荡无归的儿童,分布于全俄国。他们也有小团体的组织,也有领袖,他们步行从这城走到那城,于行程中有的饿毙,有的生病,有

---

❶ 哲生:《苏俄的日常生活》,《东方杂志》1929年第26卷第6号。
❷ 哲生:《苏俄的日常生活》,《东方杂志》1929年第26卷第6号。
❸ 哲生:《苏俄的日常生活》,《东方杂志》1929年第26卷第6号。
❹ 哲生:《苏俄的日常生活》,《东方杂志》1929年第26卷第6号。

的失群而飘流"。❶

从俄国工人的生活来看,其生活状况较优越一些。"俄之劳工状况,除无失业工人之现象外,工资之发给、工作时间之规定,尤为完备。不论工人在病假中或休假中(每年可有三四星期之假期)皆发给全薪。是以每一工人,每日平均可得六卢布之工资;工作每五日休假一天;而每日之工作时间为七小时。"❷此外,"关于工人工余后之娱乐场所,如公园、电影院、游艺场、音乐馆等;以及工人婴孩养育之所,与儿童游玩之场,无不设置臻善"。❸

但是,也有很大一部分俄国人民对政府有"不平"之感。《东方杂志》作者大藏公望指出:"大多数国民之不平苏俄弱点,以余观之,殊较优点为多。兹仅举其荦荦大者。而首屈一指,即国民大多数之不平是也。俄国大部分人民,现仍继续苦恼之生活,故渴望政府有变动以拯救之,而尤以农民为甚。因俄国今日之农民,其位置屈居劳工之下。工人方面或尚满意,农民则断断不然。余在俄时,曾旅行村舍,见各处农民车夫船夫等而问之,皆对现

---

❶ 哲生:《苏俄的日常生活》,《东方杂志》1929年第26卷第6号。
❷ 哲生:《苏俄的日常生活》,《东方杂志》1929年第26卷第6号。
❸ 金亚伯:《游俄之印象》,《东方杂志》1937年第34卷第7号。

第四章 《东方杂志》作者群对社会主义制度的态度

政府有怨嗟之声。"❶

总之,当时刚刚成立的苏维埃政权面临着外敌的干涉和国内的叛乱,从政治、经济、文化等各个方面加强建设,取得了举世瞩目的成绩,成为全世界被压迫民族的一盏指路明灯,但在建设方面的缺陷也是在所难免的。

---

❶ [日]大藏公望:《苏维埃联邦之实相》,《东方杂志》1930年第27卷第9号。

第五章 《东方杂志》作者群对社会主义的价值取向

价值是指在社会生活中客体对主体需要的一种意义，或者表现为一种理论意义，或者表现为一种实践价值。同时，价值也是一种评价标准，人们据此对所认识到的周围事物作出符合自身要求的取舍。人们一旦形成某种价值观，可能对他的行为产生重大的影响。随着社会主体年龄的增长、知识水平的不断提高以及周围环境的变化，他们的价值观念或许会发生这样那样的变化。平等、自由、民主、法治等观念可以说是评价社会政治现象的永恒性观念。本章主要以平等、民主为核心观念来梳理一下《东方杂志》作者对社会主义的价值取向。

第一节　平等观念

平等观念是人类社会生活中的一个基本观念。可以说，向往平等、追求平等是人们的一项基本政治要求。在人类社会发展的各个历史阶段，都有着不同的平等观念，如原始社会、奴隶社会、封建社会、资本主义社会一直到社会主义社会、共产主义社会都有对平等观念的阐释。其中，各个历史发展时期的知识分子对平等观念也有不同的理解，而且他们对平等观念的不同理解也在一定程度上影响着人们的思想，甚至左右着人类社会发展的历史进程。

在长达半个世纪的历史发展进程中，《东方杂志》作者对平等观念的理解也是仁者见仁、智者见智。不过，本书主要关注的是，他们如何在平等观念的视角下来理解社会主义。

一、经济平等观念

经济平等观念，即"生计平等"观念，或者称为财产平等观念。"生计平等"观念这种表达方式是《东方杂志》作者陶履恭根据普通老百姓的日常话语习惯来表达社会主义中的经济平等观念，能够非常容易地被老百姓所理解和接受。辛亥革命时期，伴随着社会主义传入中国，陶履恭也关注到了其中所蕴含的平等思想，并把社会主义思想中所蕴含的经济平等称为生计平等。他认为："生计平等之说，发端社会主义。今日欧洲谈政治者，固鲜齿及。然社会党人之呼喊，尚不绝于耳。生计平等之词，犹数见诸纸上。"[1] "生计平等"观念"数见诸纸上"，表明社会主义经济平等观念已经广泛地在中国大地上传播开来。陶履恭明显感受到了有产者和无产者的区别，有产者"居宫室而服御华靡。至于妇人，则一簪一环之饰，动辄以千万金"。[2]

---

[1] 陶履恭：《平等篇》，《东方杂志》1912年第9卷第8号。
[2] 陶履恭：《平等篇》，《东方杂志》1912年第9卷第8号。

而另一方的无产者则与有产者的生活形成一个鲜明的对比,"更察贫者,则卧室仅可容身,时且野宿,糟糠粗堪止饥,时且并糟糠而无之"。❶在这种情况下,人们愉快的精神生活就无从谈起了,"要需不给,更何言乎生活之乐？更何言乎耳目之娱？"❷马克思主义认为,物质资料生产是其他一切生活需要的基础,人们的衣、食、住、行等这些基本的生存需要如果不能得到解决,他们的发展需要和享受需要就无法得到满足。《东方杂志》作者陶履恭根据社会现实对"生计"不平等的原因以及达到"生计"平等的途径等问题进行了探讨。

（一）"私产制度"是造成"生计"不平等的原因

陶履恭认为,有识之士都看到了社会中存在的"贫富悬绝",富者愈富,贫者愈贫,社会财产极端不均。有识之士在"扼腕愁叹"之时,也在思考造成这种现象的原因。他们认为,这是由于"分财弗均"造成的,是一种"人为制度"造成的,"今之劳庸制度,至不平等。能者庸

---

❶ 陶履恭:《平等篇》,《东方杂志》1912年第9卷第8号。
❷ 陶履恭:《平等篇》,《东方杂志》1912年第9卷第8号。

俭，鲁者庸反丰；勤者酬薄，惰者酬反厚。推原其故，社会党归罪于私产制度"。❶ "私产制度"是指生产资料私有制。在资本主义社会中，资本家掌握着大量的生产资料，而广大的人民群众拥有很少的生产资料，甚至没有任何生产资料。陶履恭分析了"私产制度"是造成人人不平等、"生计"不平等的原因。

> 人，本平等也。以私产而判贤愚之别。今之愚者，本可使之贤。其愚者，私产使然也。今之惰者，本可使之勤。其惰者，私产使然也，是生计之不平等。❷

陶履恭早年留学英国，他的这种观点明显地受到现代西方资产阶级天赋人权学说的影响。天赋人权学说又称"自然权利学说"，宣扬人人在上帝面前都是平等的，享有生存、自由、追求财产和幸福等的权利。在17、18世纪的西方国家，荷兰的格老秀斯、斯宾诺莎，英国的霍布

---

❶ 陶履恭：《平等篇》，《东方杂志》1912年第9卷第8号。
❷ 陶履恭：《平等篇》，《东方杂志》1912年第9卷第8号。

斯、洛克，法国的卢梭、狄德罗等都不同程度地信奉这种观点，即在国家产生之前的自然生活状态中，人人都享有与生俱来的平等、自由的权利；国家产生之后，人人都依然保存着这种与生俱来的平等、自由权利。陶履恭认为，人与人之间本来就是平等的，但要根据"私产而判贤愚"，就非常明显地违背人人生而平等的基本原则。可以说，陶履恭看到了资本主义生产资料私有制造成的这种分配不平等的状况，分析也是比较深刻的。

但也有《东方杂志》作者对此提出异议。宋国枢说："顾以为人类既属平等，既不宜有贫富贵贱之分，既不宜有产业所有权，则实大谬。"[1] 他认为，人类社会的平等具有普遍性，而"非论其偶然之畛域也"，"同为人类，同其始末，同其权利，同其义务，同负对于自身、对于家庭、对于社会之种种责任。中外古今，大同不渝"[2]。但是，又是什么原因造成"贫富贵贱、智愚善恶"之别呢？宋国枢

---

[1] 宋国枢：《驳产业问题上之社会主义》，《东方杂志》1919年第16卷第2号。
[2] 宋国枢：《驳产业问题上之社会主义》，《东方杂志》1919年第16卷第2号。

认为这是"偶然之畛域，或由天赋或由人造"。❶宋国枢认为，产业所有权的存在具有合理性，可以从两个方面进行分析。

（1）产业所有权"为人类进化之要素"。人类的进化和禽兽的进化是不一样的，"夫人之所以异于禽兽者，为道不一端。而进化之事，实为其大别。鸟之构巢，蜘蛛之布网，数千年前，已为有巢神农所师，陈陈相因，以迄于今，其不进化为何如耶？人则不然。始则茹毛饮血，穴处巢居。继则锦衣美食，润屋大厦，有以异乎鸟与蜘蛛之所为矣。"❷造成人类进化和禽兽进化不一样的原因就是"产业所有权"。

> 古人有言，赏而后劝，劝而后进。产业所有权者，劳力之所取偿，即赏劝之事也。有赏劝，然后民知奋发。知奋发，而后百事举。故赏劝者，进化之母也。今使猎取产业所有权，则是塞赏

---

❶ 宋国枢：《驳产业问题上之社会主义》，《东方杂志》1919年第16卷第2号。

❷ 宋国枢：《驳产业问题上之社会主义》，《东方杂志》1919年第16卷第2号。

劝之途而绝人自营私之志也。❶

宋国枢认为产业所有权是人类社会发展的要素和基础。而马克思主义认为，人类社会发展的基本动力是生产力和生产关系、经济基础和上层建筑之间的基本矛盾。

（2）产业所有权"为社会隆盛之原则"。国家、社会的兴盛是以个人的发达为基础的。"夫人之所以不辞劳瘁，孳孳委积者，谁不欲厚其生，而福其子孙哉。今若否认产业所有权，则孳孳委积，不能为吾有，又不能遗我子孙。吾将坐食，否则被迫而作。"❷个人都是有私心的。如果不能满足个人的这种私人占有欲望，个人就没有了"治私产"的动力，而且这些财富归根到底还是国家的，"亦不过为国家治产业耳"。❸宋国枢的这种分析固然有一定的道理，但是从人类社会的长远发展来看，以生产资料私有制为基础的资本主义社会最终会被以生产资料公有制为基础

---

❶ 宋国枢：《驳产业问题上之社会主义》，《东方杂志》1919年第16卷第2号。
❷ 宋国枢：《驳产业问题上之社会主义》，《东方杂志》1919年第16卷第2号。
❸ 宋国枢：《驳产业问题上之社会主义》，《东方杂志》1919年第16卷第2号。

的共产主义社会所取代。

（二）"均产制度"是破除"生计"不平等的途径

在资本主义社会私有财产之下，人们的"收入有丰有薄，酬报有盈有朒"，这样就造成人为的不平等。社会上的有识之士在鸣不平时"谋更张之策"，提出了"均财之说"。具体来说有这样几种途径："田三顷牛一头之说"；"削资本家以享劳力之说"；"因需要而给庸之说"；"因工劳逸计酬之说"。❶ 陶履恭指出："夫国家成立之要素既为民，则民之生养衣食居，乃生存之必不可缺者也。是讲究民之生养问题，而实关系生计平等之问题也。"❷ 对一个国家的发展而言，必须注意人们的生计问题，这是国家存在、发展的基础。同时，陶履恭也注意到了有些人提倡的绝对平均主义倾向，"绝对的生计平等……则人之收入同，享受同，饮食同，起居同，服饰娱乐亦莫不同"，❸ 这样会形成一个"景色枯寂"的世界。如果实行这样的制度，不知成功的希望如何。但是，"既使其成"又会造成一种后

---

❶ 陶履恭：《平等篇》，《东方杂志》1912年第9卷第8号。
❷ 陶履恭：《平等篇》，《东方杂志》1912年第9卷第8号。
❸ 陶履恭：《平等篇》，《东方杂志》1912年第9卷第8号。

果,"人性亦将起而逆之矣"。因为"人类不齐,嗜好各异。或崇简素,或尚奢靡。性不齐而翼其齐,吾未见其可也。今有社会于此,有陶工,有农人,有冶工,有社首,有诗人。其求其需,焉得齐一?其尚其嗜,焉能同值"。❶陶履恭认为,追求这种完全均等的社会是不可能的,是一种空想。

如何才能达到一种比较理想的状态,以解决人们的生计问题呢?陶履恭从国家和社会的角度进行了分析。

> 谋国者,欲求分财之中庸,不能执生计平等为准衡也。人为制度之不臧,惟有改善之,驱其害而救其弊,非执行生计平等所能济事也。民既为国之要素矣,则其衣食住,须集群策,合群力,假群财,用群贮,以保持之。一人乏食,是群之变;一人失业,是群之病。我国家族制度,团结为主义,甚合斯旨,国家绵延,实多赖此。❷

---

❶ 陶履恭:《平等篇》,《东方杂志》1912年第9卷第8号。
❷ 陶履恭:《平等篇》,《东方杂志》1912年第9卷第8号。

第五章 《东方杂志》作者群对社会主义的价值取向

从国家的层面上来讲，国家应该以"生计平等为准衡"制定、完善相应的制度、法则，才能更好地兴利除弊。从人民的层面上来讲，人人都要以"团结为主义"，都要团结起来，"集群策，合群力"，才能使国家发达起来。总之，国家和人民是不可分的，国家是人民的国家，人民"为国之要素"。陶履恭的这种观点符合国家和社会之间相互关系的基本原则。

在资本主义条件下，经济平等观念只能是一种观念，不可能真正地实现，并且由此造成其他方面的不平等。正如马克思主义理论家刘少奇所说："人们在经济上不平等，于是形成其他一切方面的不平等。"❶ 但是，如果要消除这种经济上的不平等，必须采取暴力革命的形式。因为掌握着绝对多数财产的大地主阶级和大资产阶级，运用警察、法庭、监狱、军队等这些暴力机关来维护这些财产。只有运用革命的暴力反对反革命的暴力，才能推翻掌握着政权的大地主阶级和大资产阶级，从而实现真正意义上的经济平等，进而实现政治平等、文化平等。

---

❶ 刘少奇：《论党员在组织上和纪律上的修养》，北京：中共中央党校出版社1981年版，第55页。

二、政治平等观念

在政治平等观念的起源上，《东方杂志》作者陶履恭明显受到西方"自然说"的影响。陶履恭认为，"哲士究天律"，自然法（Law of Nature）主张"人本平等"。从柏拉图到亚里士多德，"降及后世，民约论者，若洛克，若卢梭，拟自然之世，以为若斯时代，人民獉狂，而咸平等"。❶ 这种学说认为，在自然状态中人与人之间是完全平等的。平等表现为一种"自然权利"，是"自然法"赋予的、不可剥夺的神圣权利。法国革命、美国独立战争，"亦莫不以凡民平等为政治宣言之首条"。❷ 但是，《东方杂志》作者更注重政治平等这一观念如何落到实处，认为经济平等是政治平等的基础。从这个认识上来讲，是符合马克思主义的基本观点的。

（一）"把平等给予社会经济的内容"

无论是持文化保守主义观点的杜亚泉等，还是具有左

---

❶ 陶履恭：《平等篇》，《东方杂志》1912 年第 9 卷第 8 号。
❷ 陶履恭：《平等篇》，《东方杂志》1912 年第 9 卷第 8 号。

倾观点的作者,他们都比较关注人们的社会生活,注重他们经济权利的获得。吴恩裕认为:"社会主义者所企求的是经济的、实质的平等。他们认为这种平等仍是自由的物质基础。只有在得到经济上的平等之后,人们才有真正的自由。"❶吴恩裕认为,马克思对资本主义制度下的平等、自由进行了有力的批判。

>马克思骂自由、平等,并不是说自由平等根本要不得;而是说在资本主义之下的自由是假自由,平等是假平等。实则这只是在资本主义下自由平等没有得到好的制度表现,却并不是说我们不该把自由平等当作可以实施的理想,即马克思本人也主张:把自由普遍到所有的人,把平等给予社会经济的内容,乃是人类生活的一个基本的鹄的。❷

---

❶ 吴恩裕:《自由主义与社会主义的新趋势》,《东方杂志》1946年第42卷第16号。

❷ 吴恩裕:《自由主义与社会主义的新趋势》,《东方杂志》1946年第42卷第16号。

经济平等是政治平等、社会平等的基础。在资本主义条件下，人们得到的"自由是假自由，平等是假平等"，究其原因，是人们根本没有得到维持生存和发展的基本生产资料。同时，吴恩裕对持西方自由主义观点的作者也进行了批评，他认为："关于平等问题，自由主义者所讲的平等是政治上的，是空的。"❶ 只有人们获得了真正的经济利益，满足了基本的生活需求，他们才能够有空余的时间和精力，积极地从事政治、教育等其他活动。

（二）协济组织是"国民生活上平安巩固之础石"

如何使人们过上富足的生活，《东方杂志》作者通过对俄国革命后社会经济形势的观察，认为协济事业是使俄国人民生活提高、经济快速发展的一个有效途径。胡愈之在纪念杜亚泉的文章中说："20年前，中国社会科学研究，还是十分幼稚，但是先生从那时起，已唱导社会主义，主张以生产消费合作，救济农村。"❷ 受杜亚泉思想影响的《东方杂志》作者罗罗大力倡导俄国的协济事业。

---

❶ 吴恩裕：《自由主义与社会主义的新趋势》，《东方杂志》1946年第42卷第16号。

❷ 愈之：《追悼杜亚泉先生》，《东方杂志》1934年第31卷第1号。

第五章 《东方杂志》作者群对社会主义的价值取向

> 假使俄国犹有一线之生机,得幸免于灭亡,则唯赖有协济会而已。假使俄国经革命之后,不至损及其国脉,则亦唯协济会之力而已。盖俄国之协济组织,为其国民生活上平安巩固之础石。❶

罗罗认为,俄国受多年战争的影响,社会经济发展受到了很大的影响。如果要促使俄国经济发展,提高国民的生活,就必须建立协济组织,大力发展协济事业。罗罗回顾了俄国协济事业的发展历程。

> 当1865年,俄国第一消费公店(Consumers' Store)成立,是谓俄国协济组织之滥觞。厥后30年中,俄国之协济事业,虽渐有进步,然其于人民经济生活上,势力殊甚微弱,未能引起世人之注意。迨至1895年,是谓俄国协济事业之一新纪元。盖从前俄政府尝恐协济事业危及公众之秩序与安宁,故未加以提倡。至是为谋

---

❶ 罗罗:《俄国之协济事业》,《东方杂志》1920年第17卷第1号。

农民利益起见，经济政策不能不有所变动。于是维德伯爵（Count Witte）首先倡行一种小资贷款制，使全国人民得以低利率向公家贷取小资本。全国贷款协济会因此大增。嗣后至1905年，俄国第一次革命起，事虽未成，而民气为所激发，人民渐觉结合之必要。各地小协济会，数目激增。同时各协济会之地方联合团体及指导全国各联合团体之中央机关，均组织告成，于是逐渐发展，乃遂有今日之盛也。❶

从俄国协济组织、协济事业的发展历程来看，有一个逐步成熟的过程。协济事业的发展与普通公众的生活密切相关，所以慢慢地得到普通公众的认可，并逐步发展起来。同时，《东方杂志》作者关注俄国协济会的对外发展，以资为其他国家的发展提供借鉴。从俄国协济会的发展形势来看，已经占有非常强大的经济势力。但是，俄国协济事业的发展必须与其他国家相互促进。

---

❶ 罗罗：《俄国之协济事业》，《东方杂志》1920年第17卷第1号。

> 俄国不能始终与世界隔绝。俄国所需要者为制造品，必有赖于他国之输入。俄国所剩余者为农产物，又有待于国外之输出，故此后俄国协济会之大问题，乃国际贸易之问题也。俄国前途之发展及其人民之福利，惟赖此问题之解决而已。❶

《东方杂志》作者也注意到了捷克斯洛伐克等国家协济事业的发展情况。建立协济组织，发展协济事业成为第一次世界大战后很多欧洲国家发展经济的措施之一。因为第一次世界大战后的中欧各国，物价昂贵，人民的生活非常困苦。

> 救济之术，一方面在于增加生产，一方尤在于广设协会，以杜绝中卖商之垄断。如中欧新国捷克斯洛伐克，因物价昂贵之影响，协济事业骤形发达，协会之数几达五百，其显例也。❷

---

❶ 罗罗：《俄国之协济事业》，《东方杂志》1920年第17卷第1号。
❷ 世界新潮栏目：《捷克斯洛伐克协济事业之发达》，《东方杂志》1920年第17卷第3号。

在捷克斯洛伐克处于奥地利政府统治时期,协济事业虽然已经略具规模,但还不发达。第一次世界大战后,协会得到了快速的发展。

> 各种衣食住所需之品,无不设协会以经营之。有消费协会、生产协会、金融协会、农民协会。生产协会中又有面包业、宰牲业、印刷业、钉书业、裁缝业等之协会。各种支会又集中而成中央协会联合会。捷克批发协会几成为分配粮食之半官机关,一百二十万之工人与佣雇者,赖此以得食,亦可见其协会事业发达之一般矣。❶

捷克斯洛伐克协济事业的发展大大缓解了人们的生活困难问题。同时,协济事业的发展也给人们提供了更多的就业岗位。更为重要的是,协济事业的发展为后来苏联和东欧各社会主义国家实行生产资料公有制奠定了一定的基础。

---

❶ 世界新潮栏目:《捷克斯洛伐克协济事业之发达》,《东方杂志》1920年第17卷第3号。

三、世界平等观念——以第二次世界大战为例

在人与人的关系上,人们渴望、追求平等;在国家与国家的关系上,每个主权国家也都渴望、追求平等。国家是人的集合体,由于人与人之间是平等的,国家与国家之间也应该是平等的。但是,自从国家产生以来,国家与国家之间的冲突不断,一个国家和民族压迫另一个国家和民族的事实一直存在。国家与国家之间冲突的主要形式是战争。在20世纪的上半个时期,就发生了两次世界规模的战争。如何营造和平、平等的国际关系也一直是学者们思考、讨论的话题。本部分主要以第二次世界大战为例,探讨《东方杂志》作者对建立世界和平、平等的思考。

(一)第二次世界大战的性质及其发生的原因

1. 第二次世界大战后建立世界平等秩序的紧迫性以及第二次世界大战的性质

《东方杂志》作者杨幼炯认为,第二次世界大战比历史上任何一次战争的范围都要广、损失都要大,所以必须提前着手研究战后的和平建设问题。

第一次战争的特征就是民主国家的领袖以及学者、民众大家不仅在企求争取战争的胜利，而且感于上一次大战后世界和平的不彻底，战后世界建设的准备不充分，所以这一次战争（第二次世界大战——笔者注）发生以来，自始就有人研究和平方案，而各国朝野更积极的商讨战后世界建设有关的各项大问题。❶

1914—1918年，以英、法、俄为首的协约国集团和以德、奥为首的同盟国集团之间发生了一场帝国主义战争。杨幼炯认为，第二次世界大战与第一次世界大战的性质不同，已经发展成为侵略战争。

这一次战争（第二次世界大战——笔者注）因范围牵涉的广大，已经不是过去帝国主义的霸权争夺战，而已扩大成为反侵略的战争，侵略者的目的在宰割全世界，残害全人类，已经

---

❶ 杨幼炯：《新世界重建的理想与设计》，《东方杂志》1944年第40卷第16号。

威胁着全世界一切爱好和平独立生存的国家，则凡欲保障自国的独立生存的国家，就非与侵略国家作殊死战不可，战争至此已扩大及于全世界。❶

实际上，这两次世界大战名义上都是两大军事集团的争夺战，是为了争夺世界霸权，但侵略、压迫弱小民族的性质是一样的。只不过是第二次世界大战的一个重要特点是由局部战争逐步发展为全面战争。

2. 第二次世界大战发生的原因

从1814年9月18日到1815年6月9日，由奥地利政治家克莱门斯·文策尔·冯·梅特涅组织召开了维也纳会议，这次会议是英国、法国、奥地利、普鲁士、俄国等欧洲五国列强的一次外交会议。维也纳会议的结果是牺牲了许多小国利益以保持大国的势力均势及恢复欧洲旧有秩序。

---

❶ 杨幼炯：《新世界重建的理想与设计》，《东方杂志》1944年第40卷第16号。

自维也纳会议以来，强大国家所犯的错误，主要的就是传统的均势主义。这一个维持均势的外交政策，实为百年的世界政治不能得到真正和平最大原因。自拿破仑战争以来，所谓欧洲的均势，乃英国三百年来所遵循的外交政策，其内容为维持其他国家组合间之均衡关系，并加入较弱之一方面，击败任何强大国家（如拿破仑时代的法国与霍亨索伦的德国），其目的只在维持欧洲的均衡。实则此种均势政策只是列强间各依自己的利益为标准，而为一时的相安；到了利害相冲突时，均势便不能长久维持，结果就只有战争。如凡尔赛和约以后，英法未尝不想维持欧洲的均势，但是这种基于利害的均势，终究不能维持，结果希特勒把欧洲的均势打破以后，大战就不得不爆发了。所以我们认为战前阴谋诡诈的所谓势力平衡的均势政策，是造成大战的导火线。[1]

---

[1] 杨幼炯：《新世界重建的理想与设计》，《东方杂志》1944年第40卷第16号。

第五章 《东方杂志》作者群对社会主义的价值取向

杨幼炯认为,均势外交的失败是导致第二次世界大战发生的主要原因。事实上,第一次世界大战后,英、法、美等战胜国建立了凡尔赛—华盛顿体系,主观上希望能够通过新的国际秩序制止世界战争,维护世界和平,但凡尔赛—华盛顿体系基本上还是第一次世界大战前国际秩序的延续。英、法等战胜国仍然对民族解放运动进行残酷镇压,以维持其对殖民地的统治。而德、意、日等战败国为了挽回在战争中所受到的损失,也仍然企图以夺取殖民地来开拓生存空间。因此,第一次世界大战后建立的国际新秩序,并没有起到制止世界战争、维护世界和平的作用。

除了上述原因外,帝国主义形成后出现的全球性的世界基本矛盾是第二次世界大战发生的根本原因。19世纪末20世纪初,西方资本主义发展到帝国主义阶段,标志着世界历史从分散发展进入整体发展时期,出现了全球性的基本矛盾,即资本主义国家内部无产阶级和资产阶级之间的阶级矛盾、宗主国与殖民地国家之间的民族矛盾以及帝国主义国家之间的矛盾。这三大矛盾相互交织、相互影响,最终导致帝国主义国家之间产生了不可调和的矛盾,成为世界大战发生的深刻根源。此外,科学技术的迅猛发展为世界大战准备了充分的物质条件。在西方国家由自由资本主义阶段发展到帝国主义阶段的时期，欧洲、北美出现了以电力为主要标志的第二次工业革命，世界也由"蒸汽机时代"过渡到"电气时代"，推动了欧美国家经济实力的增长，催生了军事工业的现代化，为世界战争的发生提供了坚实的物质基础。

（二）第二次世界大战后新世界重建的方案

1. 反对孤立主义倾向

杨幼炯认为，在战后新世界重建方案的讨论中，必须反对孤立主义倾向，一是西半球主义者，主张战后美国必须单独致力于西半球的事务；二是新区域主义者，主张英国为不列颠共和国的首脑，美国为美联邦的领袖。

> 我们以为第一种西半球主义者的见解，完全是不明当前世界情势的违反时代的主张，要在此次战后仍然维持孤立政策，可以说是此路不通。就今日整个世界的趋势言之，民族孤立的观念与现代文明是不能吻合的。民族偏狭主

义堕落而成为帝国主义，也曾经理解到各民族决不能在勉强造作而成的孤立形势之中长久生存。美国如果要在孤立政策之下维持安全，必须使其武装的力量超过其他各国。但据美国战时情报局长台维斯曾经指陈：就是战后存在的最大强国，在孤立中决不能保证其未来的安全。因为其他国家恐怕他的力量的膨胀，是会联合起来与其作对的。所以在战后世界中采取武装孤立，亦不能保持其安全。至于第二种所主张的新区域主义，即使把这个世界划为几个区域，由一个大国领导，不仅这办法仍是自维也纳会议以来一贯的传统的帝国主义政策，而且若无一整个的国际和平机构在各区域的组织之上，则各区域间的利益如何调和，如何才能制止各区域间规模最大的战争，都是无法解决的问题。我们以为这种国际割据理论的新区域主义也不能确立世界永久之和平的。❶

---

❶ 杨幼炯：《新世界重建的理想与设计》，《东方杂志》1944年第40卷第16号。

从人类社会的发展历程看,各个国家、各个民族在最初的发展阶段都处于孤立的、分散的状态,他们之间的联系并不紧密。从 15 世纪开始,西欧国家采取重商政策,资本主义萌芽开始出现并逐步发展起来。在此基础上,西欧国家先后以资本主义制度取代了封建制度。18 世纪中叶以后,工业革命逐渐兴起,促使科学技术获得飞速发展,世界各个国家的联系日益密切。正如杨幼炯所提到的"民族孤立的观念与现代文明是不能吻合的",各个国家、各个民族之间的相互联系与合作不断加强。如果各个国家和民族之间的关系处理得当,就会促进社会的发展;如果各个国家和民族之间的关系处理不当,就会引发冲突甚至战争。因此,无论是西半球主义,还是新区域主义,这两种观点都是错误的。

2. 赞同建立联合国的主张

杨幼炯认为,在第二次世界大战后的国际合作方面,有两派观点。"一派主张恢复国际联盟,并加强它的力量;另一派则主张废弃旧有的国际联盟,从新设立一个新的国

第五章 《东方杂志》作者群对社会主义的价值取向

际机构"。❶ 新世界重建的首要原则在于"建立永久的和平"。杨幼炯认为联合国是一个新概念，比第一次世界大战后设立的旧国联进步，支持建立联合国的主张。"我们不需要国联，我们需要一个比国联要更切实的更有组织的机构，即使这个机构在开始时其范围和目的较国联为狭小，但我们也需要这个机构。"❷

联合国"此一世界组织必须长期建筑于盟国的共同武力之上，由中、美、英、苏先负起建造世界组织之发起的责任，而由全世界反侵略的国家参加。德、日在解除武装彻底肃清法西斯分子之后，将来可能参加。现在由美国邀请的四国关于国际组织的探讨会议，就是向这一目标进行的"。❸ 由于第一次世界大战后建立的国际联盟未能有效阻止第二次世界大战的爆发，出于人类无法承受第三次世界大战的共同压力，为了维护世界和平和平等的国际秩序，大部分学者达成了一种共识，必须建立联合国，以

---

❶ 杨幼炯：《新世界重建的理想与设计》，《东方杂志》1944年第40卷第16号。

❷ 杨幼炯：《新世界重建的理想与设计》，《东方杂志》1944年第40卷第16号。

❸ 杨幼炯：《新世界重建的理想与设计》，《东方杂志》1944年第40卷第16号。

取代有缺陷的国际联盟。

为了维持正义,维护"战后"世界的和平、平等秩序,保证集体安全,必须建立联合国的武装力量。

> 一种和平秩序之建立,应该有一个基本的要素,就是有组织的爱好和平的国家之总力量,必须超过于欲以战争完成其命运的侵略者之武力。所谓战以止战就是要一切国家共同担保使用其武力,以防范并抵抗任何武力的侵略,使不得损坏他国主权的独立和领土的完整。1920年成立的国际联盟,本应该是一种武装列强的联盟,以摧毁侵略者为职志的,到了后来却变成为一种军备不足的国家的会议,只以调查、研究、裁判争端、宣告罪状为能事,结果第一次世界大战后的世界秩序就整个的崩解了。我们鉴于过去无国际共同武力作后盾的世界组织的失败史,今后应建立一个比较国际联盟力量为强,且须具有集体维持和平秩序能力的世界和平机构。今后和平世界之建立,应该是一个

第五章 《东方杂志》作者群对社会主义的价值取向

可以实行的理想,而不是一个乌托邦的美梦。假使和平主义,就其本义言之,是一种制造与维持国际和平的努力,是一个切于实用的政策,不是一个主观的希望,则有效的和平主义不独不能否认武力的现有地位,并应垄断武力,借以消灭暴力所造成的罪恶,用武力以保障永久的和平。所以今后新世界的重建,一方面彻底解除侵略者的武装;他方面要努力集大权于爱好和平的国家所共同组织的新国际机构的掌握之中,不容许有非法的侵略势力之存在。有效的和平主义,应以维护法律、反对破坏法律为目的,而且应该以主持公道、反对特权的占有者为目的。❶

从以上的分析中可以看出,杨幼炯主张第二次世界大战后新成立的联合国必须建立相应的武装力量和法律秩序,是基于这样几种考虑。

(1)形式:"战以止战"。侵略者之所以能够敢于侵

---

❶ 杨幼炯:《新世界重建的理想与设计》,《东方杂志》1944年第40卷第16号。

略其他国家，都是以各自国家的武力作为后盾的。如果国际组织没有足够的能力来防范和抵抗武力侵犯，只能是纸上谈兵、无济于事。

（2）原因：国际联盟失败的教训。国际联盟没有相应的权力和足够的权威、力量约束其会员国的行为，没有足够的经费开展活动，结果只能"调查、研究、裁判争端、宣告罪状"，不能解决国与国之间的经济纠纷乃至军事冲突。

（3）目的："维护法律、反对破坏法律""主持公道、反对特权"。建立联合国的最主要的目的就是反对霸权主义、强权政治，维护世界和平和国际正义，建立公正、合理的国际经济秩序。

同时，杨幼炯认为，武力是保障和平的一种方式，但如果不建立一个国际间所共守的法则，则世界和平的秩序仍将很难永久维持。所以，必须根据世界和平正义的要求，建立国际社会的法律秩序。

> 在今日的国际社会中还没有足以代替武装与战争的一种精神力量——如同在各国之内，

有公民权、自由、选举、代议制的立法机关，独立的法庭及强制执行法律的机关。这些立法的程序，都是避免使用武力以维护和平的代替物。今后战争胜利、彻底解除侵略者的武装之后，我们主张建设国际法制的新秩序，这是新世界重建的基本要素。❶

杨幼炯认为，不论任何性质的争议，最好能够在国际法则内以和平的方式解决国际争议，不可轻易使用武力解决。杨幼炯的这种观点，也非常符合现代社会和平解决国际争端的基本原则。

第二节　民主观念

自从西方列强以坚船利炮打开中国的大门以后，近代

---

❶ 杨幼炯：《新世界重建的理想与设计》，《东方杂志》1944年第40卷第16号。

中国社会的发展一直处于内忧外患之中，有识之士苦苦探寻中国的出路，"中国向何处去"是他们共同思考的问题。站在不同立场的人根据自己的观察提出了各种各样的救国方案。《东方杂志》作者邓初民指出："中国的政治，必然归宿到社会主义。……说得好听的民主政治，也得了一个归宿。"❶ "至于必然归宿到社会主义的简单理由，是自古及今的政治史，都是阶级斗争史，政治是一阶级的，一部分人的，政治进到社会主义，便只有一个阶级——第四阶级——即等于无阶级。无阶级即无斗争，即无政治上的变动，而政治遂得着一个归宿。"❷ 中国社会的最终发展必然走向社会主义，是民主政治的社会主义。本节主要按照《东方杂志》作者武堉干、吴恩裕、邓初民等关于什么是经济民主、什么是民主政治、社会主义民主政治的思路来展开分析。

---

❶ 初民：《政治问题之根本的讨论》，《东方杂志》1923年第20卷第9号。
❷ 初民：《政治问题之根本的讨论》，《东方杂志》1923年第20卷第9号。

一、经济民主观念

19世纪末20世纪初,西方资本主义的发展由自由竞争的资本主义阶段过渡到垄断资本资本主义阶段,商品经济获得了更充分的发展。在这个时期,中国的商品经济也获得了一定程度的发展。在这种时代背景下,《东方杂志》作者武堉干等对经济民主的若干问题进行了思考。

(一)经济民主的内涵和实质

1. 经济民主的内涵

经济民主是与政治民主、社会民主等相对应的概念,是指在经济运行过程中经济主体具有自我决策权。

《东方杂志》作者武堉干认为:"应该把政治过程中的民主应用到经济领域,以民主的基本原则来管理经济生活。"[1] 在19世纪末20世纪初期,西方资本主义国家进入垄断阶段。美国迫于民众反托拉斯运动的压力,相继出台了《谢尔曼反托拉斯法》《联邦贸易委员会法》《克莱顿法》

---

[1] 武堉干:《由经济的帝国主义到经济的民主主义》,《东方杂志》1922年第19卷第15号。

等法律，以达到促进市场的有序竞争、保护消费者合法权益的目的。同时，英国工党也提出对工业进行民主化管理的要求。尤其是苏联在十月社会主义革命之后废除生产资料私有制，实行生产资料公有制，在一定程度上提高了人们的生活水平，由此促成了人们经济民主观念的产生。

2. 经济民主的实质

《东方杂志》作者武堉干指出，经济的民主主义不是凭空产生出来的，"是由社会制度的压迫新生出来的一种反动力"，❶它的形成有直接和间接两种原因。直接的原因可以分作三步："第一步是由初期的社会主义，一变而为科学的社会主义的时候，资本主义制度的罪恶和缺点，全被揭穿了；资本阶级和劳动阶级不平等的事项，深印入人类的脑中，才发生民主化的倾向要求。第二步是国家鉴于劳资阶级的冲突，日就激烈时，便想借国家的权力，来缓冲他们。如设立各种工厂法、劳工保护条例、商权垄断的禁令，必要的大规模生产机关归国家管理等项，都是助成经济的民主化的原因。第三步便是劳动问题闹得最厉害

---

❶ 武堉干：《由经济的帝国主义到经济的民主主义》，《东方杂志》1922年第19卷第15号。

的时候，这时劳动团体的组织，日就完全，显然具有和资本阶级对抗之形式。"❶ 间接的原因是"受了近代民主思想的洗礼。自法国革命以后，近代的国家组织，均渐渐的趋于民主的方面，耳需目染，任何方面，都受了他不少的暗示。就经济上说，自然也不能外此了"。❷

《新路》杂志的作者蜀人也对这种苏联式的经济民主赞赏有加。他指出："民主是整体的，而这整体的基础是经济，有了经济的平等，然后才有真正的民主，反之则是假民主。苏联因为达到经济的平等，所以苏联是一个能实现真正民主的国家。"❸

《东方杂志》作者邓初民认为："政治的必要，往往由于经济的必要，按今日中国经济的情形，还够不上成立一个政治的民主国家。"❹ 怎样能达到社会主义国家

---

❶ 武堉干:《由经济的帝国主义到经济的民主主义》，《东方杂志》1922年第19卷第15号。

❷ 武堉干:《由经济的帝国主义到经济的民主主义》，《东方杂志》1922年第19卷第15号。

❸ 蜀人:《苏联是真正民主的国家》，《新路》1948年第1卷第1期。

❹ 初民:《政治问题之根本的讨论》，《东方杂志》1923年第20卷第9号。

呢？"中国的社会主义者——马克思派的社会主义者——解说得极多,他们也承认西方正规进化的政治史,有一定不可飞越的步骤。但后进国家,却不能一段一段的任其充分成长,势必两步并成一步,因此他们也承认实现社会主义,必须具备经济的条件,但不必一定经过什么资本主义,走西方人的旧路;他们也承认救济中国,必须开发实业,但在开发实业的方法上,即可采用社会主义。原来就生产的方法说,社会主义,也是资本主义。我认资本主义,即是一个生产的方法;并且是一个进步的方法。这个方法,用在私人方面,便发生毛病;用在社会方面,便增进幸福。……因此,我对于中国马克思派的社会主义者的主张,是极表赞同的。"❶ 在这里,邓初民提出了一个非常重要的思想,即利用资本主义来发展社会主义。

(二)经济民主的基本原则

商品经济在运行过程中形成了特定的规则,要求经济管理者和参与者遵守。武堉干认为,经济民主的原则

---

❶ 初民:《政治问题之根本的讨论》,《东方杂志》1923年第20卷第9号。

可以概括为以下几个方面。

1."个性的经济自由",即自由原则

商品经济的发展促进了人们个性的解放,每个人都可以凭借自身的条件,从事经济活动。

> 何谓个性的经济自由呢?便是被经济上的压迫而失去了的自由,要解放过来,使其能够尽量发挥个性所长。譬如,田奴脱离了奴隶的地位而为自由民;又如,工钱劳动者由工业主义中所发生的机械化之生活里面,把压抑的个性使其仍具有自由发展的可能以及其他被支配阶级关于经济上自由权利等要求,都皆属于此类。[1]

武堉干提到的"田奴脱离了奴隶的地位而为自由民",属于由"人的依赖关系"阶段到"物的依赖性"阶段的转变;"工钱劳动者由工业主义中所发生的机械化之

---

[1] 武堉干:《由经济的帝国主义到经济的民主主义》,《东方杂志》1922年第19卷第15号。

生活里面，把压抑的个性使其仍具有自由发展的可能以及其他被支配阶级关于经济上自由权利等要求"，属于由"物的依赖性"阶段到"个人全面发展"阶段的转变，而这种转变的动力来自于商品经济的发展。

2."经济组织之平等化"，即平等原则

平等意味着人人都可以自由选择、决定自我经济行为的能力。

> 何谓经济组织之平等化呢？这便是把现行的经济制度改良或推翻。因为现行的经济组织——尤是工厂制度——都是立足在资本主义上面的，工人的生产，是替资本家而生产，劳工的劳力，是作为生产成本的一部分。所以，这种生产制度只可以叫作资本阶级独裁式的生产制度，而非民众化的生产制度。民众化的经济组织，劳力不是附属于资本里面的，从事生产的劳动者，都是立足于平等主义上面的。❶

---

❶ 武堉干：《由经济的帝国主义到经济的民主主义》，《东方杂志》1922年第19卷第15号。

武堉干指出，工人是"替资本家而生产"，劳动成果归资本家所有。在生产过程中，资本家把雇用工人的劳动时间延长到补偿劳动力价值所需要的劳动时间以上，使劳动力所创造的全部价值，要超过劳动力的价值，从而为资本家创造出剩余价值。这种情况是与商品经济等价交换的平等原则相悖的。

3."分权与自治"，即自主原则

经济活动促使经济行为主体产生谋求利益的冲动，但这种经济行为应该是自主性、独立性的。

> 在经济的民主主义中，分权与自治是其精神的特别表现，我们说它是经济的民主主义的灵魂，也不为过。这种要素的成立，受近代民主政治的陶冶，政治上的责权下落和经济上的分权性质既是一样；而政治上的联邦自治和经济上的工业自治，亦复具有同样的意味……分权和自治，在经济的民主主义中是一种最重要的精神。❶

---

❶ 武堉干：《由经济的帝国主义到经济的民主主义》，《东方杂志》1922年第19卷第15号。

武堉干提到的"分权与自治"是与"资本的集中"相对而言的,"生产的手段,自工厂制度出现以后应用机械的结果,于是日趋于大量的生产。生产的产额越大,市场销路的寻求越为急切,资本家便拼命提倡对外贸易,以遂其贪欲。但大量生产的结果,与实际的需要未必能够适合,于是发生恐慌"。❶这里提到的"恐慌",指的是资本主义的经济危机。

　　武堉干提到的"分权与自治"也是与"权力的集中"相对而言的,"科学的管理法之应用,机械化的生产,把个性的创造力,抑压以至于无穷小。一件制品的成功须经过无数的程序,从事生产的人,却仅能知道他所从事的一个简单程序。于是从前仅仅资本的集中,现在就到了权力的集中了;从前仅仅物质上的压迫,现在扩张到精神上的创造力上面去了"。❷在资本主义工厂制度下,资本家崇尚科学管理方法,尤其是19世纪末20世纪初美国著名管理学家弗雷德里克·温斯洛·泰勒的科学管理方法。泰勒

---

❶　武堉干:《由经济的帝国主义到经济的民主主义》,《东方杂志》1922年第19卷第15号。

❷　武堉干:《由经济的帝国主义到经济的民主主义》,《东方杂志》1922年第19卷第15号。

的科学管理方法通过对企业中的制度管理、人员选拔、生产技术、操作流程等方面进行标准化管理，使得企业各部门的工作都能够按部就班地开展，提高了企业的工作效率。但这种标准化的管理方法，也把工人变成了"机器人"，工人只能像机器一样"机械化的生产"，丧失了进行生产的自主性和创造性。在商品经济发展过程中，经济行为主体积极主动地表达参与管理的意愿和利益需求，促使经济活动良性有序地向前发展。

二、政治民主观念

（一）政治的内涵

吴恩裕认为，要理解什么是"民主政治"，就需要首先理解什么是"政治"。对"政治"如何理解，可以说见仁见智，莫衷一是。一般来讲，在西方的观念中，"政治"由希腊语"polis"一词演化而来，它最初指希腊的城邦国家。在古代的中国，"政治"一词早就出现在《尚书》《论语》等古代典籍之中，并且"政"与"治"常常分开使用。中国古代"政治"的主要意思是"统治"，讨论的重点是

"治国之道"，即按照一定的道德伦理规范来构建国家制度，并通过相应的制度设计进而达到对国家的治理。到了现代，便赋予"政治"概念更多的解释。对于有政治和无政治应持何种态度？即有政治后我们对于好政治和坏政治应该采取何种态度？吴恩裕说："政治乃是用公共的强制力对于众人之事的治理。"❶

治理（to govern）和管理（to administer）不同，治理的意义纯粹是从政治上来说的，它是政治社团所独具的特征。在他种社团中固然有管理的事实存在，但管理却和治理不同。在对于他种社团的管理中，不能运用强制力；而对于政治社团的治理，则有强制力为其后盾。例如，对于工业团体、商业组织、教会、学校等，都只能称为管理，不能进行治理。因为在对它们进行管理的过程中，不能使用强制力。吴恩裕进而认为，治理有两种意义：在消极方面，治理有约束或限制的意思。在一政治社会中，对于有害于人们生活的事项，必须加以禁止。在积极方面，治理有倡导或增进的意思。在一政治社会中，对于提高人类物

---

❶ 吴恩裕：《对于政治的认识与态度》，《东方杂志》1945年第41卷第2号。

质生活标准，充实人们精神生活的事项，也必须举办。治理既要"除弊"，也要"兴利"。如果能够发挥"兴利除弊"这两种作用，就能够称得上是完善的治理。

"众人之事"是指在人们的生活中彼此必须关联，或应该联系的事项。"必须"意指只要有人类的生活，便不能不发生关联。"应该"意指本未曾联系，如能够联系则更好。这些事项在政治社会中，必须或应该受治理。所谓个人之事，则是与别人无关，或可以无关的事项。此种事项，在一政治社会中，可以不被治理。

"公共的强制力"是指对公共事务管理的一种强制力量。如果没有公共的强制力，就不能够兴利除弊。"公共的"是指一种集体的要求，它是整个社会生活需要治理的必然结果，其目的也是增进公共的福利。❶

（二）民主政治的观念

在中国抗战结束后，人们普遍希望建立一个民主的国家，但蒋介石政府却倒行逆施，实行法西斯式的独裁统

---

❶ 吴恩裕：《对于政治的认识与态度》，《东方杂志》1945年第41卷第2号。

治，引起了人们的强烈反抗，从而在全国范围内掀起了一场声势浩大的民主运动。

> 我总觉得：与其天天在那里喊自由的口号，贴平等的标语，倒不如由政治理论上疏证：何以民主制度是好的制度？何以我们必须争取民主？❶

吴恩裕认为，民主制度是唯一的"政治"制度，君主制度和贵族制度都不是"政治"制度。在反对蒋介石独裁政治的民主运动过程中，我们争取民主制度，并不是争取"最好的"政治制度，而是争取"唯一的"政治制度。

为什么说君主政治和贵族政治，都不是政治呢？吴恩裕给出了两个原因：（1）君主政治中暴君的统治不是政治。暴君和他的臣民之间的关系只是主人和奴隶的关系，而非政治社会中治者与被治者的关系。在主人和奴隶的关系中，主人不但以奴隶为达到自己目的的工具，而且对奴

---

❶ 吴恩裕：《对于民主的新认识》，《东方杂志》1946年第42卷第14号。

隶操生杀予夺的权柄。这种统治与服从的关系，不是政治的关系。因为在政治社会中，人民是主人，一切都是为了人民的利益。治者不过是人民求良善生活的工具，他是人民的公仆。他不应以自己的目的为目的，而应以人民的目的为目的。（2）君主专制中贤君的统治也不是政治。这种贤君最好亦不过做到"爱民如子"的地步。但这至多也不过是父母与子女之家庭的关系，而非政治社会中治者与被治者的关系。在家庭中，家长固然可以对其子女爱护，他们的措施也可以是为了子女的利益；但家庭中父母与子女的结合乃是一种自然的、伦理的结合。父母命令子女时，子女往往自然要服从父母，但这种命令与服从的关系，只用伦理来说明即可，不必再谈父母行使权威，子女服从命令的条件。

（三）法治是实现民主的重要条件

在政治生活中，民主是人类追求的最高目标。对于世界各个国家现实的政治制度而言，民主政治是政治发展的主流趋势。但是，我们必须为民主的实现创造各种必要的条件，在这些必要的条件中，法治是最重要的条件。正如

《东方杂志》作者吴恩裕所说:"争取民主固然是对的,但为了使民主政治彻底地实现,我们必须注意实现民主的基本条件。这种必要的条件,也许为数甚多;但是照我的看法,法治(the rule of law)却是最重要的一个条件。"❶

法治是一种基本的政治观念,在西方、中国政治学说之中,都有关于法治的讨论;法治国家和法治社会的建设也是各个国家在现代化过程中着力培育的目标。吴恩裕认为,关于法治的讨论常常和人治的问题放在一起。起初,柏拉图的政治理想是哲学王的政治,这种政治思想是极端人治主义的表现。到了晚年,柏拉图又认为,他原来理想的哲学王政治在现实生活中根本不可能实现。所以,他晚年时期仍然积极倡导法治,《法律篇》即为他的代表作。亚里士多德更是主张法治。柏拉图和亚里士多德以后的政治学说,法治成为思想界主流。尽管也有人主张人治,但却改变不了主流的发展方向。

在古代中国,法家注重法治,并且也关注法治和人治的关系。吴恩裕指出,法家的"见解大致与西洋的学者相

---

❶ 吴恩裕:《法治与中国政治改进》,《东方杂志》1946年第42卷第15号。

似。并且他们的论证，以视西洋学者，亦了无愧色。他们彻底懂得人治的缺点何在，法治的长处何在。例如，商君书、管子、韩非子诸书中所包含的理论，都可以证实我们的说法"。❶但是，"法家学说对于中国实际政治的影响，几乎和短命的秦国寿命相始终。秦亡以后，影响中国实际政治的，是道家，是儒家，而不是法家的学说了"。❷对于儒家而言，注重道德的感化作用，"对于法治事实最有重大阻碍"。❸

从上面的论述来看，中国几千年来一直缺乏"法治"。所谓中国缺乏法治，并不是说中国根本没有法律。中国显然是有法律的，并且某些朝代的法律（如隋唐），还时常为近代的法律学者所称道。所谓中国缺乏法治，是指中国虽然有法律，但是这些法律并没有普遍地、彻底地得到执行。对统治者来说，他们的行为不受法律约束。这一点就是与法治国家的条件违背。因为在一个法治的国家中，

---

❶ 吴恩裕：《法治与中国政治改进》，《东方杂志》1946年第42卷第15号。

❷ 吴恩裕：《法治与中国政治改进》，《东方杂志》1946年第42卷第15号。

❸ 吴恩裕：《法治与中国政治改进》，《东方杂志》1946年第42卷第15号。

所有的人都要遵守法律。对中国的普通人民而言，也缺乏守法的观念。有的人用种种技巧，来避免法律的约束，又有的人凭借特殊的势力不守法。一个国家，由政治观点讲，只有治者与人民两种人。在中国这两种人偏偏都没有守法的习惯。试问欲求中国为一法治国家，如何会可能？而这种缺乏守法的习惯，我们认为和中国文化传统的学说很有关系。因为在传统学说中那种专持个人智德无须法律的主张，对于一般人民的行为影响很大。就一般政治措施而言，这种精神或习惯的缺乏，会影响社会政治的进步。就实行民主而言，有些法治的精神或习惯，更是没有得到普及。

吴恩裕认为，就民主政治而言，需要以法治为基础。第一，必须人人都有守法的精神。凡是有益于社会的政令要彻底地推行，否则，任何政令，即使是能造福于人民，也徒为纸上文章，收不到实际的效果。中国政治上增进人民福利的政令，但是每到实施，便有许多意外的困难发生。官僚不认真推行它们，固然是违反法令；人民不认真实行或设种种方法逃避，又或与官吏相通使某种法令名存实亡，这也都是违反法令。吴恩裕举例说："如逃避纳税，便是人民的不守法令。但假如督察的官吏来查时，因为受逃税者的贿赂;而对他并不检举,这便是官吏也违法了。这种情形,真是举不胜举。"❶ 所以,就一般的施政言,若一国家的人民无论是治者或平民,没有守法的精神或习惯,则这个国家的政治,是不会良好的。因为好的政治不只是要有好的政令,而且是要能切实施行好的政令。第二,在治者方面,民主政治中的治者,不过是被当作执行公务的人,他们就是公仆。他们既然是在执行公务,所以他们并不是享受一种法律上的特权,而不受法律约束,他们也是要受法律的限制的,他们不能违反法律,无视法律。不但他们不能有轨外的行动,而且当他们公务执行不好的时候,他们还负有相当的责任。他们应该或必须退职,或者受到更严重的惩罚。凡此种种,自然都须要"法治的精神与习惯"。❷ 如果没有这种法治的精神与习惯,则执政者可以玩弄国柄,滥用权力,而且即使自己的公务没有执行得圆满,反可以利用自己的地位自固,则此种政治乃是专制政治而非民主。所以就执政者言,在民主政治下

---

❶ 吴恩裕:《法治与中国政治改进》,《东方杂志》1946年第42卷第15号。

❷ 吴恩裕:《法治与中国政治改进》,《东方杂志》1946年第42卷第15号。

的执政者必须守法。

那么，如何培养法治的精神或习惯呢？这是个技术或方法的问题。❶

其一，严格执行法律。中国的法家有"以刑去刑"的主张。他们认为，人们犯法，都是因为法网不密，执法不严。犯了重罪，法律的处罚轻；犯了轻罪，法律几乎就没有什么处分了。这样一来，人们何曾畏惧法律？人既不怕法的绳墨，他们如何肯会守法？既是人人都不惧法、不守法，则哪里会养成守法的精神与习惯？所以，法家主张：犯小罪者，处重刑；犯大罪者，处更重的刑。于是人们大罪故不敢犯，小罪也将由少犯而至于不犯。如此则虽严刑重刑，终则人民因怕刑罚，反而谁都不敢犯法了。

不过法家这种主张，大体上是针对着一般人民的。吴恩裕认为：必须把此原则推行到所有全国的人民、官吏，以至于最高的统治者。因为必须如此，可以具备"法治国家"的条件，而法治国家无疑地乃是实行民主政治的一个必要背景。吴恩裕认为，法家这种看法是对的，"以严格

---

❶ 吴恩裕：《法治与中国政治改进》，《东方杂志》1946年第42卷第15号。

第五章 《东方杂志》作者群对社会主义的价值取向

执行法律来培养守法的精神与习惯"。❶ 这种主张也是有心理学上的根据的。不守法的原因虽然复杂,但其基本的、自觉或不自觉的动机,则不外是自私自利。诚如斯宾诺莎(Spinoza)所言:自私的智慧是很会打算盘的,在两个恶中,它选择最小的一个。在两个善中,它择取最大的善。在一个是恶一个是善两件事物中,它自然会选择那个善。因此,如果能达到自私自利,而又没有法律的制裁,或能设法巧避法律的制裁,他当然就会尽量地自私自利。但是当他在开始自私自利,而又想到必无幸免的峻法严刑的惩罚的时候,他就会停止这自私自利的行为了。

其二,用教育的方法培养守法的精神与习惯。从根本上说,严刑峻法仅仅能够限制表面,得到形式,而真能改易习惯,还有待于教育的启导。教育对于启导人们守法的论据在于:假定人们是自私的,那么,教育也可以站在功利主义的立场,来说服、来教导这些自私自利者。无论政治思想家主张政治社会是怎样产生的,但既有了政治社会,人们就无法脱离这种政治社会。

---

❶ 吴恩裕:《法治与中国政治改进》,《东方杂志》1946 年第 42 卷第 15 号。

结　语

1516年英国人托马斯·莫尔撰写的《乌托邦》一书问世，标志着世界上社会主义学说的诞生。在此后的500多年里，社会主义学说在欧洲得以广泛传播，并且逐渐流传到亚洲。社会主义学说的诞生和传播，引起了人们广泛的讨论和研究。社会主义观念自19世纪末20世纪初传入中国以来，一直成为中国社会的主流政治观念。《东方杂志》对社会主义的传播注重知识性、学术性。阿尔蒙德、维尔巴曾说："民主能力与拥有关于政治问题和过程的有效知识以及在分析问题和制定影响策略中运用知识的能力是紧密相联的。"❶ 即个人或者群体拥有的政治知识是分析政治现象、发挥对政府影响力的重要因素。同样，对包括马克思主义学说在内的各种各样的西方社会主义思潮的理解也要建立在拥有相关知识的基础上。《东方杂志》主编杜亚泉（笔名为高劳）在解释为何翻译日本学者幸德秋水著的《社会主义神髓》一书时也说："幸德秋水氏，固东亚社会主义之先导者，今译此著，非将以此造幸福于吾人，以非敢以此贻危险于社会，第以此供世人之研究。"❷《东方杂志》对社会主义学说进行了积极的传播，产生了重大的社会影响，对当今社会也有重要的现实启示。

一、重视媒体在马克思主义传播中的重要地位

第一，媒体是传播马克思主义的重要方式。《东方杂志》在传播马克思主义方面发挥了重要作用。目前，在

---

❶ ［美］G. A. 阿尔蒙德、S. 维尔巴：《公民文化——五国的政治态度和民主》，浙江人民出版社1989年版，第117页。

❷ ［日］幸德秋水：《社会主义神髓》，高劳译，《东方杂志》1912年第8卷第11号。

传统媒体的基础上，新兴媒体大量出现，全球逐渐形成一个巨大的传播平台。但是，无论是传统媒体还是新兴媒体，无论是过去还是现在，马克思主义的传播必须借助于媒体这种形式。只是新媒体的出现使得马克思主义在传播背景、传播媒介、传播主体、传播话语权和传播效果等方面均遭遇了前所未有的挑战。因为，在传统媒体时代，仅仅有报纸、杂志、书籍等少数的传播媒介，人们看到、买到报纸、杂志、书籍等这些产品，会产生一种如饥似渴、一睹为快的感觉。现在，随着互联网技术的发展，信息随处可见。各种信息的海量化和可获得性，使人们原来那种如饥似渴、一睹为快的感觉消失了。

第二，新媒体拓展了马克思主义传播的空间。手机媒体、移动电视、博客、播客等平台拓展了马克思主义传播的空间。新媒体具有如下几个特征：（1）碎片性。随着时代的发展，人们的生产、生活节奏逐步加快，从而在时间的分配上出现碎片化的倾向，在有限的时间内获取有用的信息。（2）主动性。新媒体形式多样，信息的海量化供给，使人们可以根据自己生产、生活方面的需求选择新式媒体。（3）互动性。当人们看到好的信息时，可以随时与他人分享；当遇到困惑时，可以通过交流获得解答。所以，在新媒体快速发展的条件下，马克思主义在中国的传播也遇到了很大的挑战，马克思主义能否正确地解答新时代提出的新课题。

第三，新媒体丰富了马克思主义传播的表现形式。在马克思主义的传播形式上，新媒体改变了原来单纯的，往往又是独立的文本、图片、音频、视频等形式，而是把这些要素有机地融合在一起，增强了思想上的感染力和艺术上的熏陶力，使人们在愉悦的氛围中接受马克思主义。

新媒体的出现为马克思主义的传播提供了很好的机遇，但也带来了很大的挑战。在以互联网为主要标志的新媒体环境下，我们要高扬马克思主义主旋律，让马克思主义占领新媒体的主阵地，坚决克服不良思潮的社会影响。

二、重视知识分子在马克思主义传播和创新中的重要作用

在近代中国，活跃在各个领域的知识分子对马克思

结　语

主义传播发挥了很大的作用。学者郑大华把中国共产党成立后社会主义的传播路径分为两条思想谱系。"一条是中国共产党人以及在中国共产党领导下的左翼知识分子的社会主义思想及其实践，另一条则是以报刊编辑、大学教授为中坚的中国知识界的社会主义思想及其追求。"❶围绕在《东方杂志》周围的编辑、作者等知识分子群体在推动马克思主义、社会主义传播方面取得了一定的成就，积累了一定的历史经验。这些经验对于当代知识分子推动中国特色社会主义理论体系的传播也是值得借鉴的。

第一，新时代知识分子的初心本色。一般来讲，知识分子是指那些具有较高的文化知识，具备独立的思考能力和判断能力以及批判精神的脑力劳动者，广泛地分布在文化、教育、科技等领域。新时代知识分子的初心本色就是指知识分子的良心，他们运用自己的文化知识，独立思考，发表见解，引领社会风尚。从这个意义上来说，非常符合唐朝韩愈对教师角色的界定，即知识分子的主要任务就是传道、授业、解惑。（1）新时代知识分子的传道

---

❶ 郑大华:《中国近代社会主义研究的几个问题》,《教学与研究》2010 年第 10 期。

本色。知识分子能够运用他们所掌握的较高的文化知识，来探求事物发展中的"道"，即事物的发展规律。自古以来，尤其是近代以来，中国的知识分子在探求中国社会发展的规律方面作出了一定的贡献。当今中国的发展为新时代知识分子提出了新的课题，如何更好地认识人类社会发展的规律、社会主义社会发展规律和中国共产党执政规律。（2）新时代知识分子的授业本色。中国特色社会主义的发展进入了新时代，出现了很多的新情况、新问题。知识分子通过报纸、杂志、广播、电视以及互联网等新媒体技术，把自己的所知、所感、所悟等传授给社会大众，使人们更加清楚地认识到中国特色社会主义发展的新趋向。（3）新时代知识分子的解惑本色。所谓解惑，是指当人们面临未知事物的时候，拥有较高文化知识水平的知识分子能够为他们解开困顿、迷惑。面对中国、世界发展的复杂情况，知识分子更能够发挥他们的专业特长，给人们指点迷津，顺应世界发展的潮流。传道、授业、解惑三个方面是有机的统一体，为新时代知识分子的使命担当奠定了基础。

第二，新时代知识分子的使命担当。当前，中国特色

结 语

社会主义的发展进入了新时代。在新时代,坚持和发展中国特色社会主义需要各行各业的劳动群众在各自的岗位上把工作做好,作出自己应有的贡献。新时代的知识分子应该深入研究、积极传播中国特色社会主义理论,帮助人们牢固树立中国特色社会主义理论自信、道路自信、制度自信和文化自信。(1)新时代知识分子要勇于担当。勇于担当体现了知识分子的一种责任心,敢于讲真话、办实事,不人云亦云、随波逐流。(2)新时代知识分子要善于担当。善于担当体现了知识分子的一种情怀,与时俱进,紧跟时代发展前进的步伐。

围绕在《东方杂志》周围的作者基本上都能够按照知识分子的初心和使命提高自身的素养,独立地进行思考,为当今中国的知识分子树立了典范。

综上所述,《东方杂志》在近半个世纪的历史征程中,注重社会主义传播的知识性、学术性,体现了《东方杂志》作者深厚的爱国主义情怀和强烈的政治责任感,为传播社会主义作出了一定贡献。

参考文献

一、著作

[1] 高一涵.欧洲政治思想小史［M］.上海：中华书局，1922.

[2] 马克思，恩格斯.马克思恩格斯全集（第7卷）［M］.北京：人民出版社，1959.

[3] 黄良吉.东方杂志之刊行及其影响之研究［M］.台北：台湾商务印书馆，1968.

［4］毛泽东.论人民民主专政［M］.北京：人民出版社，1975.

［5］马克思，恩格斯.马克思恩格斯全集（46卷上）［M］.北京：人民出版社，1979.

［6］刘少奇.论党员在组织上和纪律上的修养［M］.北京：中共中央党校出版社，1981.

［7］唐光华.政治文化的沉思者——白鲁恂［M］.台北：允晨文化实业股份有限公司，1982.

［8］蔡尚思.中国现代思想史资料简编（第1卷）［M］.杭州：浙江人民出版社，1982.

［9］高军，等.无政府主义在中国［M］.长沙：湖南人民出版社，1984.

［10］［美］加布里埃尔·A.阿尔蒙德，小G.宾厄姆·鲍威尔.比较政治学：体系、过程和政策［M］.上海：上海译文出版社，1987.

［11］列宁.列宁全集（第25卷）［M］.2版.北京：人民出版社，1988.

［12］［美］约翰·罗尔斯.正义论［M］.何怀宏，等译.北京：中国社会科学出版社，1988.

[13] 唐振常.上海史[M].上海：上海人民出版社，1989.

[14] 陈崧.五四前后东西方文化问题论战文选（增订本）[M].北京：中国社会科学出版社，1989.

[15] [美]G.A.阿尔蒙德，S.维尔巴.公民文化——五国的政治态度和民主[M].杭州：浙江人民出版社，1989.

[16] 列宁.列宁全集（第28卷）[M].2版.北京：人民出版社，1990.

[17] 朱永新，袁振国.政治心理学[M].北京：知识出版社，1990.

[18] 高洪涛.政治文化论[M].北京：中国广播电视出版社，1990.

[19] 毛泽东.毛泽东选集（第2卷）[M].北京：人民出版社，1991.

[20] 毛泽东.毛泽东选集（第4卷）[M].北京：人民出版社，1991.

[21] 葛思恩，俞湘文.俞颂华文集[M].北京：商务印书馆，1991.

[22] 杨奎松，董士伟.海市蜃楼与大漠绿洲——中国近代社会主义传播研究[M].上海：上海人民出版社，1991.

[23] 张树年, 柳和城. 张元济年谱[M]. 北京: 商务印书馆, 1991.

[24] 王祖绳. 国际关系史(第5卷)[M]. 北京: 世界知识出版社, 1995.

[25] 费孝通, 夏衍. 胡愈之印象记(增补本)[M]. 北京: 中国友谊出版公司, 1996.

[26] [英]里奥纳德·特里劳尼·霍布豪斯. 自由主义[M]. 朱曾汶, 译. 北京: 商务印书馆, 1996.

[27] 莽萍. 俞颂华[M]. 北京: 人民日报出版社, 1997.

[28] [美]西摩·马丁·李普赛特. 政治人——政治的社会基础(增订版)[M]. 张绍宗, 译. 上海: 上海人民出版社, 1997.

[29] 欧阳哲生. 胡适文集(12)[M]. 北京: 北京大学出版社, 1998.

[30] 钱钟书. 刘师培辛亥前文选[M]. 北京: 生活·读书·新知三联书店, 1998.

[31] [美]戴维·伊斯顿. 政治生活的系统分析[M]. 2版. 王浦劬, 译. 北京: 华夏出版社, 1998.

[32] 刘益民, 程甫, 刘耀中. 心理学[M]. 北京: 科学出

版社，2000.

[33] [美]约翰·罗尔斯.政治自由主义[M].万俊人，译.南京：译林出版社，2000.

[34] 张小劲，景跃进.比较政治学导论[M].北京：中国人民大学出版社，2001.

[35] 田本相，刘一军.苦闷的灵魂：曹禺访谈录[M].南京：江苏教育出版社，2001.

[36] 孙正甲.政治文化学[M].哈尔滨：黑龙江人民出版社，2002.

[37] [美]爱德华·W.萨义德.知识分子论[M].单德兴，译.北京：生活·读书·新知三联书店，2002.

[38] [美]迈克尔·罗斯金，等.政治学[M].6版.林震，等译.北京：华夏出版社，2002.

[39] [美]约翰·罗尔斯.作为公平的正义——正义新论[M].姚大志，译.上海：上海三联书店，2002.

[40] 戈公振.中国报学史[M].上海：上海古籍出版社，2003.

[41] 许纪霖，田建业.杜亚泉文存[M].上海：上海教育出版社，2003.

［42］许纪霖.公共性与公共知识分子［M］.南京：江苏人民出版社，2003.

［43］张昆.大众媒介的政治社会化功能［M］.武汉：武汉大学出版社，2003.

［44］陶东风.知识分子与社会转型［M］.开封：河南大学出版社，2004.

［45］郑雪.社会心理学［M］.广州：暨南大学出版社，2004.

［46］朱晓进，杨洪承，等.非文学的世纪：20世纪中国文学与政治文化关系史论［M］.南京：南京师范大学出版社，2004.

［47］［美］道格拉斯·凯尔纳.媒体文化——介于现代与后现代之间的文化研究、认同性与政治［M］.丁宁，译.北京：商务印书馆，2004.

［48］傅国涌.1949年：中国知识分子的私人记录［M］.武汉：长江文艺出版社，2005.

［49］陈国庆.中国近代社会转型研究［M］.北京：社会科学文献出版社，2005.

［50］李元书.政治体系中的信息沟通——政治传播学的分析

视角[M].郑州：河南人民出版社，2005.

[51] 徐贲.知识分子——我的思想和我们的行为[M].上海：华东师范大学出版社，2005.

[52] 许纪霖.回归公共空间[M].南京：江苏人民出版社，2005.

[53] 原方.知识分子论[M].上海：上海三联书店，2005.

[54] 张宝明.现代性的流变——《新青年》个人、社会与国家关系聚焦[M].北京：社会科学文献出版社，2005.

[55] [法]雷蒙·阿隆.知识分子的鸦片[M].吕一民，顾杭，译.南京：译林出版社，2005.

[56] 金太军，王庆五.中国传统政治文化新论[M].北京：社会科学文献出版社，2006.

[57] 洪九来.宽容与理性：《东方杂志》的公共舆论研究（1904—1932）[M].上海：上海人民出版社，2006.

[58] 葛荃.中国政治文化教程[M].北京：高等教育出版社，2006.

[59] 史春风.商务印书馆与中国近代文化[M].北京：北京大学出版社，2006.

[60] 余英时.余英时文集——宋明理学与政治文化（第10

卷)[M].桂林：广西师范大学出版社,2006.

[61] 朱晓进.政治文化与中国二十世纪三十年代文学[M].北京：人民出版社,2006.

[62] [美]艾尔文·古德纳.知识分子的未来和新阶级的兴起[M].2版.顾晓辉,蔡嵘,译.南京：江苏人民出版社,2006.

[63] [美]卡尔·博格斯.知识分子与现代性的危机[M].2版.李俊,蔡海榕,译.南京：江苏人民出版社,2006.

[64] 张元济.张元济全集·书信(第2卷)[M].北京：商务印书馆,2007.

[65] 赵国祥.心理学概论[M].北京：光明日报出版社,2007.

[66] 郭永玉.人格心理学导论[M].武昌：武汉大学出版社,2007.

[67] 陈奇.刘师培年谱长编[M].贵阳：贵州人民出版社,2007.

[68] 王晓渔.知识分子的"内战"——现代上海的文化场域(1927—1930)[M].上海：上海人民出版社,

2007.

[69] [法] 费迪南·布伦蒂埃. 批判知识分子的批判 [M]. 王增进, 译. 北京: 中国社会科学出版社, 2007.

[70] 王学东. 考茨基文选 [M]. 北京: 人民出版社, 2008.

[71] 李金铨. 文人论政: 知识分子与报刊 [M]. 桂林: 广西师范大学出版社, 2008.

[72] [日] 佐藤慎一. 近代中国的知识分子与文明 [M]. 刘岳兵, 译. 南京: 江苏人民出版社, 2008.

[73] 谢从高. 联省自治思潮研究 [M]. 北京: 中国社会科学出版社, 2009.

[74] 金观涛, 刘青峰. 观念史研究: 中国现代重要政治术语的形成 [M]. 北京: 法律出版社, 2010.

[75] 丁文. "选报"时期《东方杂志》研究 [M]. 北京: 商务印书馆, 2010.

[76] 鲁法芹.《东方杂志》与社会主义思潮在中国的传播 [M]. 济南: 山东人民出版, 2014.

[77] 陶海洋.《东方杂志》研究 (1904—1948) [M]. 合肥: 合肥工业大学出版社, 2014.

[78] 王勇.《东方杂志》与现代中国文学 [M]. 北京: 中

国社会科学出版社，2014.

[79] 阚和庆.八十年前的中国梦——一九三三年《东方杂志》中国梦主题征文选[M].北京：人民出版社，2014.

[80] 高瑞泉.平等观念史论略[M].上海：上海人民出版社，2018.

二、期刊论文

[1] 李斯颐.期刊界一份难得的"号外"——《东方杂志》的《五卅事件临时增刊》[J].新闻与传播研究，1988（4）.

[2] 李斯颐.抗战时期的《东方杂志》[J].新闻与传播研究，1989（1）.

[3] 林宝赐.我国政治文化研究概述[J].理论学习月刊，1989（5）.

[4] 李斯颐.30年代《东方杂志》政治倾向的成因[J].新闻与传播研究，1990（3）.

[5] 刘润忠.《东方杂志》与"五四"前后东西文化论争

［J］.社会科学战线，1994（3）.

［6］张之华.国际新闻的拓荒者——担任《东方杂志》杂志编撰人的胡愈之［J］.国际新闻界，1996（5）.

［7］于友.重读《莫斯科印象记》——纪念名记者胡愈之100周年诞辰［J］.传媒观察，1996（8）.

［8］葛荃.拿来与创新——中国政治文化研究的回顾与前瞻［J］.天津社会科学，1997（2）.

［9］赵志坚，李芬.五卅运动中的《东方杂志》［J］.编辑学刊，1997（4）.

［10］徐有威.从20年代《东方杂志》和《国闻周报》看中国知识界对法西斯主义的评析［J］.党史研究与教学，1997（4）.

［11］罗娟.孟森与《东方杂志》［J］.聊城师范学院学报（哲学社会科学版），1999（1）.

［12］洪九来.集权与分权——略论《东方杂志》在清末民初政争中的折衷观点［J］.山西师大学报（社会科学版），2000（2）.

［13］陆小宁.迷途中的文化探索——论《新青年》与《东方杂志》的东西文化论争［J］.中州学刊，2000（3）.

［14］李月军.近十年来国内政治文化研究概述［J］.社会科学动态,2000（12）.

［15］张凤英.论《东方杂志》的文献价值［J］.湘潭大学社会科学学报,2001（3）.

［16］葛飞.民国时期的《东方杂志》[J].商丘师范学院学报,2001（3）.

［17］金志霖.论西欧行会的组织形式和本质特征［J］.东北师大学报（哲学社会科学版）,2001（5）.

［18］刘兰.《东方杂志》——培养编辑的沃土［J］.出版广角,2002（6）.

［19］马庆钰.近50年来政治文化研究的回顾［J］.北京行政学院学报,2002（6）.

［20］李明山.五四时期关于杂志编辑的一场论争——《东方杂志》对《新潮》杂志罗家伦批评的回应［J］.山西师大学报（社会科学版）,2003（2）.

［21］韩海涛.国内学者关于政治文化研究的综述［J］.山东科技大学学报（社会科学版）,2003（2）.

［22］董锦瑞.胡愈之与百年《东方杂志》[J].编辑学刊,2004（6）.

[23] 张慧卿.近年来中西方政治文化研究综述[J].山西高等学校社会科学学报,2004(10).

[24] 王先明.从《东方杂志》看近代乡村社会变迁——近代中国乡村史研究的视角及其他[J].史学月刊,2004(12).

[25] 张直心.政治文化语境中重新言说——《非文学的世纪:20世纪中国文学与政治文化关系史论》[J].鲁迅研究月刊,2005(3).

[26] 张季.民初"二次革命"前知识分子群体关于联邦制的论争——以《民立报》《庸言》《东方杂志》为中心[J].安徽史学,2005(5).

[27] 李安山.中国民族主义的催生与困惑——从《东方杂志》看日俄战争的影响[J].国际政治研究,2006(1).

[28] 洪九来.大战中的热烈与冷静——民初十年《东方杂志》民族主义观评析[J].江西师范大学学报(哲学社会科学版),2006(3).

[29] 范岱年.胡愈之和《东方杂志》[J].出版史料,2007(1).

[30] 李承亮.浅析五四前期东西文化的论战——《东方杂志》为中心考察[J].天府新论,2007(S1).

[31] 丁文."搜罗宏富"背后的"选择精审"——1904—1908年《东方杂志》"选报"体例初探[J].首都师范大学学报(社会科学版),2007(2).

[32] 钟显添,林植.试论清末《东方杂志》中的民权思想[J].大庆师范学院学报,2007(3).

[33] 李静.杜亚泉与《东方杂志》[J].青海师范大学学报,2007(4).

[34] 杨萌芽.《东方杂志》与清末民初宋诗派文人群体[J].复旦学报(社会科学版),2007(5).

[35] 付托飞,刘智峰.从《东方杂志》略看二十世纪三十年代的中国农村经济[J].时代经贸(下旬刊),2007(5).

[36] 班彦美.论五四时期杜亚泉的"道德本位"的思想倾向——以《东方杂志》(1911—1920)为中心的研究[J].科教文汇(下旬刊),2007(12).

[37] 丁文.传世意图下的文章经营——《东方杂志》"选报"文本的删改研究[J].中国现代文学研究丛刊,

2008（1）.

［38］唐艳香.从女子教育、妇女参政到婚姻自由——1904—1919年间《东方杂志》对妇女问题的关注［J］.社会科学，2008（4）.

［39］蒋英州，叶娟丽.当代中国政治文化研究主题及其特点［J］.武汉理工大学学报（社会科学版），2009（5）.

三、学位论文

［1］洪九来.宽容与理性：《东方杂志》的公共舆论研究（1904—1932）［D］.上海：复旦大学，1999.

［2］唐富满.《东方杂志》与清末立宪宣传［D］.长沙：湖南师范大学，2003.

［3］宋小霞.日本外交政策：政治文化解读［D］.济南：山东大学，2005.

［4］张季.民初"二次革命"前知识分子群体宪政思想研究——以《民立报》《庸言》《东方杂志》为中心［D］.开封：河南大学，2005.

［5］高江.俄罗斯外交政策的政治文化解读［D］.曲阜：曲

阜师范大学，2006.

[6] 王先丽.政治文化视角下的战后日本外交[D].长春：东北师范大学，2007.

[7] 石雅洁.《东方杂志》办刊特色研究[D].上海：上海社会科学院，2007.

[8] 王征.《东方杂志》在清末（1904—1911）的历史文化身份[D].上海：上海外国语大学，2007.

[9] 孙振.对《东方杂志》中的美学文本的整理与研究[D].长春：东北师范大学，2007.

[10] 蒋红艳.《东方杂志》与第一次世界大战[D].长沙：湖南师范大学，2007.

[11] 李启彩.保守与自由：钱智修思想述论——以《东方杂志》为中心的研究（1911—1924）[D].上海：上海大学，2007.

[12] 鲁法芹.《东方杂志》与社会主义思潮在中国的传播[D].济南：山东大学，2011.

[13] 吴寿欢.《东方杂志》(1918—1926)与马克思主义的传播[D].哈尔滨：哈尔滨工业大学，2011.

后　记

本书是在我的博士论文《〈东方杂志〉作者群社会主义观念研究》基础上修改而成的。感谢我的恩师葛荃教授。葛荃教授以其宽容的人格魅力，渊博的学识、诲人不倦的精神、循循善诱的方法使我终身受益。他的言传身教，引领我一步步走向学术的殿堂。写作博士论文时，从题目的斟酌、修改到全文的架构，倾注了葛老师太多的心血。在此，向我的恩师葛荃教授表达最诚挚的谢意！

感谢在我学习、撰写博士论文、预答辩和答辩过程中的各位老师：刘玉安教授、王建民教授、孔令栋教授、张铭教授、张锡恩教授、包心鉴教授、张全新教授、方雷教授、冯克利教授、王成教授、高继文教授、孙晓春教授、朱仁显教授等，他们对我的论文提纲、研究构思等提出了中肯的意见和建议；感谢山东大学政治学与公共管理学院办公室的各位老师给我提供的帮助。

感谢商务印书馆的经理冯建民先生，在商务印书馆领导和他的允许下，我得以能够首先试用《东方杂志》全文检索数据库，为我查阅相关资料提供了极大的便利。

感谢同学、同事郭颖博士、赵树廷博士、张高臣博士等通过不同方式给我提供的无私帮助；感谢工作单位山东财经大学给我提供了进一步深造的机会；感谢家人给我提供的写作环境和支持。

感谢知识产权出版社领导以及责任编辑王颖超老师的多方指点和帮助，使此书得以顺利出版。

在我奋进的过程中，有着太多的感激，这也促使我更加努力前行。在奋进的征程中再次说声：谢谢！也祝愿每一位老师、同学、朋友心想事成，美梦成真。

后 记

本书中参考、引用了学界众多专家学者的研究成果,在此表示衷心的感谢!书中的观点由作者自负,不足之处请给予多多包涵、指正!

岳远尊

2019 年 6 月 26 日